Katrin Bischl

Die professionelle Pressemitteilung

Katrin Bischl

Die professionelle Pressemitteilung

Ein Leitfaden für Unternehmen,
Institutionen, Verbände
und Vereine

VS VERLAG

Bibliografische Information der Deutschen Nationalbibliothek
Die Deutsche Nationalbibliothek verzeichnet diese Publikation in der
Deutschen Nationalbibliografie; detaillierte bibliografische Daten sind im Internet über
<http://dnb.d-nb.de> abrufbar.

1. Auflage 2011

Alle Rechte vorbehalten
© VS Verlag für Sozialwissenschaften | Springer Fachmedien Wiesbaden GmbH 2011

Lektorat: Barbara Emig-Roller / Eva Brechtel-Wahl

VS Verlag für Sozialwissenschaften ist eine Marke von Springer Fachmedien.
Springer Fachmedien ist Teil der Fachverlagsgruppe Springer Science+Business Media.
www.vs-verlag.de

Das Werk einschließlich aller seiner Teile ist urheberrechtlich geschützt. Jede
Verwertung außerhalb der engen Grenzen des Urheberrechtsgesetzes ist
ohne Zustimmung des Verlags unzulässig und strafbar. Das gilt insbesondere
für Vervielfältigungen, Übersetzungen, Mikroverfilmungen und die Einspeicherung und Verarbeitung in elektronischen Systemen.

Die Wiedergabe von Gebrauchsnamen, Handelsnamen, Warenbezeichnungen usw. in diesem
Werk berechtigt auch ohne besondere Kennzeichnung nicht zu der Annahme, dass solche
Namen im Sinne der Warenzeichen- und Markenschutz-Gesetzgebung als frei zu betrachten
wären und daher von jedermann benutzt werden dürften.

Umschlaggestaltung: KünkelLopka Medienentwicklung, Heidelberg
Satz: text plus form, Gunther Gebhard, Dresden
Druck und buchbinderische Verarbeitung: Ten Brink, Meppel
Gedruckt auf säurefreiem und chlorfrei gebleichtem Papier
Printed in the Netherlands

ISBN 978-3-531-17623-9

Für meinen Mann
Heinz Schäfer
1950–2007

Inhalt

Vorwort 9

1 Einleitung: Die Pressemitteilung 11
1.1 Ein Buch für Praktiker 11
1.2 Journalistische Regeln in der PR 13
1.3 Strategisch vorgehen und glaubwürdig schreiben 14

2 Was Journalisten von einer Pressemitteilung erwarten 19
2.1 Wie Journalisten mit Pressemitteilungen umgehen 19
2.2 Anforderungen an professionelle Pressemitteilungen 21
2.3 Die Nachrichtenfaktoren im PR-Kontext 24
2.4 Die W-Fragen 31
2.5 Vom richtigen Umgang mit Journalisten 32

3 Die einzelnen Elemente der Pressemitteilung 37
3.1 Layout und Aufbau 37
3.2 Der Text 41
3.3 Der Boilerplate 42
3.4 Fotos und Bebilderung 43

4 Textsorten für Pressemitteilungen 49
4.1 Die kurze Pressemitteilung als Nachricht 49
4.2 Ein Plädoyer für kurze Texte 51
4.3 Die weiche Nachricht als Pressemitteilung 53
4.4 Die PR-Meldung und die Personalmeldung 54
4.5 Die lange Pressemitteilung in Form eines Berichts 57
4.6 Strategien: Matroschka-Prinzip und modularer Stil 60
4.7 Die Pressemitteilung in Form des bunten Berichts 62
4.8 Das Feature 63
4.9 Ungeeignete Textsorten und Themen 66

5 Die Überschrift 69
5.1 Formale Vorgaben 69
5.2 Funktionen und Besonderheiten 72
5.3 Stilistische Merkmale der Überschrift 75
5.4 Die Zwischenüberschrift 78

6	**Der Vorspann**	81
6.1	Merkmale und Funktionen des Vorspanns	81
6.2	Verschiedene stilistische Möglichkeiten des Vorspanns	82
6.3	Die W-Fragen im Vorspann	90
7	**Tipps für Sprache und Stil**	95
7.1	Füllwörter und blasse Wörter streichen	95
7.2	Modewörter vermeiden	96
7.3	Vorsicht bei Anglizismen	97
7.4	Verständlich schreiben	98
7.5	Wiederholungen kontrollieren und sinnvoll einsetzen	99
7.6	Die Zeitstufen in der Pressemitteilung	100
7.7	Substantivstil macht Texte unattraktiv	102
7.8	Mehr Aktiv als Passiv verwenden	103
7.9	Zitieren und indirekte Rede mit dem Konjunktiv	105
7.10	Kurze, verständliche Sätze formulieren	107
7.11	Entlasten Sie die Satzklammer	109
7.12	Haupt- und Nebensätze geschickt einsetzen	109
7.13	Zentrale Aussagen im Satz richtig platzieren	111
8	**Redigieren: Einen Text überarbeiten und optimieren**	113
8.1	Vorgaben des Unternehmens	113
8.2	Die Zielgruppe: Interesse und Vorwissen	114
8.3	Die richtige Länge des Textes	114
8.4	Prüfen von Inhalt und Aufbau	116
8.5	Sprache und Stil verbessern	117
8.6	Bilder oder Grafiken als Ergänzungen	118
8.7	Tipps für das Redigieren und den Umgang mit Fehlern	119
9	**Die Pressemitteilung im Internet**	123
9.1	Lesen am Bildschirm	123
9.2	Schreiben für das Internet	124
9.3	Folgen des Internets für PR-Autoren	128
10	**Der Versand**	131
10.1	Verschiedene Versandarten	131
10.2	Der Presseverteiler	134
10.3	Das Zielmedium und die Chance zum Abdruck	135
11	**Zum Schluss: Checklisten**	137
	Literatur	145
	Index	147

Vorwort

„Kommunikation im Web 2.0 via Social Media Release" – das las ich kürzlich auf dem Umschlag eines neuen Leitfadens für PR-Arbeit. Das klingt sexy, das klingt modern, das ist „in". Und genau das denken aktuell viele PR-Praktiker, wenn es um die zielgerichtete, professionelle Verbreitung von Information geht.

Sie vergessen dabei aber im Zuge der Beschäftigung mit der faszinierenden Oberfläche immer öfter: Im Kern hat sich die PR-Arbeit kaum verändert, im Kern geht es immer noch darum, Inhalte möglichst wirksam über Texte – hier bewusst im Fiske'schen Sinn als Inhalte in Form von Text, Bild, Bewegtbild usw. gemeint – zu vermitteln. Nicht mehr, nicht weniger. Neu ist in vielen Fällen das Gesicht der Texte, neu sind aber nicht die inhaltlichen und strukturellen Anforderungen an ebendiese. „Richtig" zu kommunizieren ist eben – immer noch und auf unabsehbare Zeit – nur sehr bedingt eine Frage der Übertragungstechnik, sondern vor allem eine Frage des weise gewählten, perfekt auf die Zielgruppe abgestimmten formulierten, optimal strukturierten Inhalts.

Katrin Bischl, einst selbst Redakteurin und heute begehrte Trainerin im Textbereich, ist in ihrer täglichen Arbeit mit einer großen Nachfrage an Aus- und Weiterbildung in diesen Grundlagen für die Arbeit des PR-Praktikers konfrontiert. Im Detail geht es um zeitlose Frage wie: Wie werden Texte aufgebaut? Was erwarten Journalisten von meinen Texten? Welcher Textsorten sollte ich mich bedienen? Wie wähle ich meine Stilmittel? Wie kann ich meinen Vorspann noch wirkungsvoller gestalten? Wie gehe ich mit Fachtermini und Anglizismen um? Wen nehme ich wie in meinen Presseverteiler auf? Gerade das Handwerkszeug für die Textgestaltung ist mit Blick auf eine explodierende Anzahl von Instrumenten zur Übermittlung dieser Texte mehr denn je eine Grundvoraussetzung, um im Kommunikationsberuf erfolgreich zu sein. Nur wer seine Zielgruppe kennt und stilsicher textet, kann die Instrumente gezielt einsetzen und seine Inhalte erfolgreich kommunizieren.

Diese hohe Nachfrage nach Aus- und Weiterbildung in PR-Textarbeit beantwortet die promovierte Sprachwissenschaftlerin Katrin Bischl nun auch in schriftlicher Form. In diesem „Buch für Praktiker mit Tiefgang" werden die Schritte zur erfolgreichen Textarbeit mittels professioneller Pressemitteilung als Leitfaden beschrieben – stets mit Blick auf die Praxis und um pragmatische Problemlösung bemüht. Am Beginn steht die Auseinandersetzung mit der Pressemitteilung selbst, bevor definiert wird, was Journalisten von ihr erwarten, wie sie mit ihr umgehen, wie sich Nachrichtenfaktoren im PR-Kontext darstellen. Danach werden die einzelnen Elemente der Pressemitteilung analysiert und die Textsorten und Themen für eine Pressemitteilung behandelt. Der Überschrift und dem Vorspann sind eigene, umfangreiche Kapitel gewidmet – sind sie doch zentrale Zugpferde jeder Pressemitteilung. Nicht fehlen dürfen in einem solchen Leitfaden auch zeitlose Tipps für Sprache und Stil sowie Anregungen zum Redigieren von Texten. Gegen Ende des Buches wird die Pressemitteilung im Internet näher betrachtet, vom Lesen am Bildschirm bis zum Schreiben für das Web. Zu guter Letzt geht die Autorin auf den Versand von Pressemitteilungen ein und stellt Checklisten für den gesamten Prozess zur Verfügung.

Katrin Bischl ist ein Werk gelungen, das jeder PR-Praktiker, ob Anfänger oder Profi, in seinem Regal haben sollte – zumindest aber, dessen Erkenntnisse er oder sie verinnerlicht haben muss, soll die Textarbeit gelingen. Auch im Bereich der „Kommunikation im Web 2.0 via Social Media Release".

Dr. Michael Roither
Leiter des Internationalen Journalismus Zentrums der Donau-Universität Krems

1 Einleitung: Die Pressemitteilung

Die Pressemitteilung ist nach wie vor das wichtigste Instrument der externen PR (Public Relations). Immer wenn Unternehmen, Institutionen, Verbände oder Vereine mit der Öffentlichkeit kommunizieren wollen, kommt sie zum Einsatz, sei es um Neuigkeiten mitzuteilen, auf Veranstaltungen hinzuweisen oder Position zu beziehen. PR-Autoren wenden sich mit solchen und weiteren Themen an die Presse, damit ihre Texte und Botschaften über diesen Kanal weite Verbreitung erlangen. Dabei müssen sie bestimmte Regeln beachten, wollen sie erfolgreich sein. Genau dabei will dieses Buch Ihnen als PR-Autor helfen.

1.1 Ein Buch für Praktiker

Keine Frage: Dies ist ein Buch für Praktiker. Seine Zielgruppe umfasst PR-Autoren in Agenturen und der Unternehmenskommunikation (auch PR-Abteilung oder Abteilung für Presse- und Öffentlichkeitsarbeit genannt), in Institutionen wie Universitäten, Forschungseinrichtungen oder Rathäusern und Ministerien, in ehrenamtlichen Organisationen und Vereinen. Sie alle sollen die zahlreichen Anregungen dieses Buches nutzen können, um professionelle Pressemitteilungen zu verfassen. Aus Gründen der Übersichtlichkeit wird aber lediglich von *Unternehmen* gesprochen.

Vielfältig sind die Berufswege von PR-Autoren. Viele kommen aus dem Journalismus, kennen sich in der Medienlandschaft und den medialen Textsorten bestens aus, müssen sich aber die „PR-Denke" aneignen, also das Wissen um das kommunikativ geschickte und strategisch durchdachte Vorgehen. Andere haben eine PR-Ausbildung absolviert, besitzen ein profundes Wissen über die Branche mit allen ihren Belangen, doch sind sie nicht immer versierte Autoren. Wiederum andere weisen eine Fachausbildung aus, zum Beispiel ein Ingenieurstudium, eine Lehre zum Einzelhandelskaufmann oder eine Ausbildung für den gehobenen Dienst in der Verwaltung. Auf einmal sollen sie PR machen für einen mittelständischen Betrieb, eine Verwaltung oder einen Verein. Dieses Buch spricht alle drei Personengruppen an.

Auch wenn es ein Buch für Praktiker ist, nutzt es doch wissenschaftliche Erkenntnisse; zum einen aus der Sprachwissenschaft, um Aussagen über Texte und deren Sprache sowie Stil erklären und begründen zu können. Eingeflossen sind zum anderen Erkenntnisse aus der Medien- und Kommunikationswissenschaft sowie aus der PR-Forschung, um das Funktionieren von PR, das Zusammenspiel mit dem Journalismus sowie kommunikative Strategien darzustellen.

Eine wichtige Grundlage für dieses Buch sind zudem persönliche Erfahrungen, gewonnen als Referentin in Seminaren und als Schreibberaterin in Unternehmen sowie Institutionen zu vielen PR-Themen wie *Umgang mit Journalisten, die Pressemitteilung, Mitarbeiterzeitung und Kundenzeitschrift* oder *Schreiben für das Internet*. Dieses Buch ist praxisorientiert. Wissenschaftliche Erkenntnisse werden nur berücksichtigt, wenn sie eine Bedeutung für das Verfassen von professionellen Pressemitteilungen haben. Beispielsweise konzentriert sich das Buch nur auf diejenigen Nachrichtenfaktoren und Textsorten, die für die Pressemitteilung relevant sind. Lediglich kurz angesprochen oder gar unerwähnt bleiben hingegen Nachrichtenfaktoren und Textsorten, die wohl im Journalismus, nicht aber in der PR wichtig sind.

Alle angesprochenen Themen und Aspekte werden stets in die PR eingeordnet und ihre Einsatzmöglichkeiten beleuchtet. So wird beispielsweise aufgezeigt, dass sich die harte Nachricht und der harte Bericht fast immer als Vorlage für eine Pressemitteilung eignen, wohingegen die bunten Textsorten wie weiche Nachricht oder weicher Bericht in der PR selten und nur in speziellen Branchen eingesetzt werden.

Das Buch konzentriert sich auf die Printmedien Zeitung und Zeitschrift, jedoch gelten viele Aussagen auch für Rundfunk, TV und Onlineredaktionen. Spezifische Besonderheiten der elektronischen Medien werden kaum berücksichtigt, da es um die *geschriebene* Pressemitteilung geht. Eine Ausnahme bildet das Internet, da fast alle Pressemitteilungen heute auch online gestellt und per E-Mail versandt werden.

Einleitung: Die Pressemitteilung 13

1.2 Journalistische Regeln in der PR

Wenn PR-Autoren Pressemitteilungen versenden, dann verlassen sie – bildlich gesprochen – ihr eigenes Terrain und begeben sich auf fremden Boden. Dort spielen weder die unternehmenseigenen Werte und Interessen noch die im Konzern üblichen Formulierungen oder Darstellungsweisen eine Rolle. In den Redaktionen gelten vielmehr die Regeln der Medienbranche, des jeweiligen Verlags und Mediums.

Wollen PR-Autoren also erfolgreich mit der Presse kommunizieren, dann müssen sie wissen, wie Journalisten „ticken", was sie wollen, was sie haben müssen und welchen Regeln ihre Arbeit unterliegt. Beispielsweise muss ein Text rechtzeitig vorliegen, damit er veröffentlicht werden kann. Kein Journalist wird eine normale Terminankündigung oder einen Veranstaltungsbericht nach Redaktionsschluss ins Blatt heben, auch wenn er dies sehr wohl bei öffentlich relevanten Ereignissen macht, zum Beispiel beim überraschenden Rücktritt eines Bundespolitikers oder bei einem verheerenden Unwetter. Denn die ungeschriebene Regel lautet: Nach Redaktionsschluss kommen nur noch sehr wichtige und unvorhergesehene Ereignisse ins Blatt. Da können Sie mit Journalisten soviel diskutieren, wie Sie wollen, sie werden diese Redaktionsvorgabe nicht kippen – und womöglich werden sie Ihnen das nächste Mal mit Vorsicht begegnen, da Sie offenbar die Regeln des Journalistenberufs entweder nicht kennen oder bewusst ignorieren. Beides widerspricht einer professionellen PR-Arbeit.

Eine weitere ungeschriebene Regel besagt: Journalisten dürfen Pressemitteilungen ungefragt verändern, sie können diese kürzen, Absätze umstellen oder Zwischenüberschriften entfernen, ohne dass sie um Erlaubnis bitten müssen. Gleiches gilt, wenn sich Journalisten aus einer Pressemitteilung bedienen, zum Beispiel ein dort gefundenes Zitat eines Vorstands oder Bürgermeisters in einen Artikel einbauen.

Zugleich unterliegen Verlage keiner Veröffentlichungspflicht. Vor allem wenig professionell arbeitende Vereine vergessen dies bisweilen und glauben, Zeitungen müssten ihre Texte veröffentlichen. Ein weiterer Irrglaube: Je länger die Pressemitteilung, umso mehr Zeilen würden später veröffentlicht. Genau das Gegenteil ist der Fall. Vielen Redakteuren vergeht beim Anblick von mehreren Seiten jegliche Lust am Lesen. Sie prüfen schnell anhand der Überschrift, wie wichtig der Text ist und ob sie ihn nicht ungelesen wegwerfen können. Für PR-Autoren bedeutet dies: Je besser sie die Medienlandschaft und die Konzeptionen der Zielmedien kennen, umso besser können sie ihre eigenen Interessen vertreten. Auch beim Verfassen der Pressemitteilungen gilt es, journalistische Regeln zu berücksichtigen. Denn nur wenn die Texte so geschrieben sind, dass der Journalist sie publizieren *kann*, besteht eine Chance auf Veröffentlichung. Wenn beispielsweise eine Tageszeitung Nachrichten von maximal 15 Zeilen à 40 Anschlägen veröffentlicht, können Sie nicht erwarten, dass eine doppelt so lange Pressemitteilung Ihres Unternehmens komplett abgedruckt wird – wie interessant das Thema auch sein mag. Sinnlos ist es auch, in einer Fachzeitschrift Pressemitteilungen in Form eines Berichts veröffentlichen zu wollen, wenn die Redaktion entschieden hat, dass sie alle langen Texte selbst schreibt und PR-Material nur in Meldungen verarbeitet.

PR-Autoren müssen also viele journalistische Vorgaben beherzigen. Darum werden in diesem Buch Tipps zum Umgang mit Redaktionen gegeben und die wichtigsten journalistischen Regeln zu Textsorte, Aufbau und Stil aufgezeigt. Sie werden stets in den PR-Kontext eingeordnet und dafür angepasst. Schließlich sollen die Verfasser von Pressemitteilungen zwar einerseits journalistische Text- und Schreibregeln nachahmen, doch andererseits PR-Texte schreiben, die zum Unternehmen und dessen wirtschaftlichen sowie kommunikativen Zielen passen.

1.3 Strategisch vorgehen und glaubwürdig schreiben

Es gibt viele Gründe, warum PR-Autoren Pressemitteilungen verfassen. Sie wollen zum Beispiel ein bestimmtes Bild ihres Unternehmens vermitteln, indem sie über neue Produkte, Veranstaltungen oder Sponsoringaktionen berichten. Manchmal wollen sie das Ansehen des Konzerns in der Finanzbranche – und damit bei Banken – stärken, wenn sie Bilanzergebnisse ansprechend präsentieren oder über Erfolge im Exportgeschäft informieren. Möglicherweise werben sie auch um Verständnis für unliebsame Entscheidungen, wie die Schließung eines Werks oder Entlassungen von Mitarbeitern.

So vielfältig die Themen und Anlässe von Pressemitteilungen auch sein mögen, sie stehen nie für sich alleine, sondern sind stets eingebettet in eine Vielzahl von unternehmerischen und kommunikativen Zielen. Somit sind Pressemitteilungen der strategischen Kommunikation zuzu-

Einleitung: Die Pressemitteilung

ordnen. Mit ihnen verfolgen PR-Autoren stets bestimmte Ziele, zumeist ein kurzfristiges (über einen Sachverhalt informieren) und ein langfristiges (das Unternehmen als verantwortungsvollen Nachbarn etablieren).

Kommunikationsziele festlegen
Ein Tipp für PR-Autoren: Berücksichtigen Sie die strategische Ausrichtung von Pressemitteilungen und machen Sie sich klar, welche Kommunikationsziele Sie in den kommenden Wochen, Monaten oder Jahren erreichen wollen. Erst danach sollten Sie entscheiden, welche Themen Sie aufgreifen, wie viele Pressemitteilungen Sie versenden, welche Textsorten Sie wählen und zu welchen Medien Sie Kontakt aufnehmen.

Wenn Sie beispielsweise die harmonischen nachbarschaftlichen Beziehungen pflegen wollen, dann bieten sich Pressemitteilungen für lokale Medien über Spendenaktionen, Events oder interne Veränderungen an. Diese sind aber strategisch ungeschickt, wenn Ihr Unternehmen mit Entlassungen oder Ihre Hochschule mit gefälschten Forschungsergebnissen von sich reden macht. Dann würden die genannten Beispiele wie plumpe Ablenkungsmanöver wirken und viel Kritik hervorrufen. Vielmehr müssten Sie aufklären, informieren und Gesprächsbereitschaft signalisieren, um das vordringliche Kommunikationsziel zu erreichen: Vertrauen stärken oder wieder aufbauen bei lokalen Medien, der einschlägigen Fachpresse und den überregionalen Zeitungen.

Das Instrument Pressemitteilung kann nie alleine helfen, solche strategischen Ziele zu erreichen. Sie muss stets eingebettet sein in eine integrierte Kommunikation, sodass interne wie externe PR, das Marketing ebenso wie die Werbung dieselben Botschaften an verschiedene Zielgruppen senden, um so gemeinsam die fest gelegten Ziele zu erreichen. Da sich dieses Buch der Pressemitteilung widmet, wird dieser Aspekt nicht vertieft.

Seien Sie wahrhaftig
Wenn Sie Ihre strategischen Überlegungen abgeschlossen und sich entschieden haben, Pressemitteilungen zu verfassen, dann müssen Sie dafür sorgen, dass Journalisten diese glauben können. Ihre Texte müssen *wahrhaftig* sein, wie der Sprachphilosoph Grice eine Voraussetzung für eine gelingende Kommunikation formuliert. Einige Anregungen können Ihnen dabei helfen:

- Fremdbild und Selbstbild des Unternehmens müssen gleich sein. Wenn die Öffentlichkeit Ihr Unternehmen anders wahrnimmt (Fremdbild), als Sie es beschreiben (Selbstbild), dann führt diese unterschiedliche Wahrnehmung zu Misstrauen oder gar Ablehnung, da sich die Menschen von Ihnen getäuscht fühlen. Ein Beispiel: Loben Sie das soziale Verhalten Ihres Unternehmens, das kurze Zeit später der Kinderarbeit in Indien überführt wird, so erschüttert dies die Glaubwürdigkeit sehr.
- Ferner muss der Sprachstil der Pressemitteilungen zum Unternehmen passen. Ein familiengeführtes Traditionsunternehmen, das konservativ auch im Sprachstil ist, darf keine Pressemitteilungen versenden, die angefüllt sind mit Modewörtern oder Anglizismen. Dies ist selten eine Gefahr für die eigene PR-Abteilung, die bestens vertraut ist mit der Unternehmensphilosophie. Wer als externe Agentur jedoch Pressemitteilungen verfasst, muss darauf achten, den richtigen Ton zu treffen.
- Formulieren Sie nicht absichtlich Unwahrheiten oder manipulative Texte, in denen Sie bewusst Aspekte schönen oder weglassen, um den Leser zu täuschen. Solche Verfahren kommen immer wieder ans Tageslicht und schaden der Glaubwürdigkeit.
- Schreiben Sie verständlich. Wenn Menschen Sachverhalte nicht verstehen können, fühlen sie sich entweder verunsichert oder in die Irre geführt. Nur zu oft schreiben Autoren bewusst unverständlich, um unliebsame Dinge zu verschleiern. Beides ist der Glaubwürdigkeit Ihrer Pressemitteilung nicht dienlich.
- Schlechter Sprachstil oder eine ungenügende sprachliche Kompetenz schädigen zudem die Reputation eines Unternehmens. Glaubwürdigkeit ist mit schlecht geschriebenen oder fehlerhaften Texten kaum zu erreichen. Verfassen Sie darum stets inhaltlich und sprachlich korrekte Texte.
- Auch stilistisch können Sie einiges tun, damit Ihre Pressemitteilungen glaubwürdig sind. Je konkreter und detailreicher Sie einen Sachverhalt schildern, je weniger vage Modewörter oder Anglizismen Sie verwenden, umso glaubwürdiger sind Ihre Texte.

Vorsicht bei Selbstlob
Eine weitere Herausforderung für Sie, doch auch für die gesamte Branche ist das zentrale PR-Motto: *Tue Gutes und sprich darüber.* Sie sollen also an-

Einleitung: Die Pressemitteilung 17

dere über Erfolge, soziales Wohlverhalten oder vorbildliche Leistungen Ihres Unternehmens unterrichten. Damit loben PR-Autoren aber stets das eigene Unternehmen. Dies führt zu einem Problem: Selbstlob ist gesellschaftlich stigmatisiert. Unwissenschaftlich ausgedrückt wird dies in der Redensart: *Eigenlob stinkt.* Wer sich selbst lobt, wirkt unangenehm und eingebildet, dem hört man weder gerne zu, noch glaubt man ihm.

Wer Pressemitteilungen schreibt, muss also auch dies beherrschen: Das eigene Unternehmen oder die eigene Institution positiv darstellen (also loben), ohne dass dieses Lob als unangemessen oder unglaubwürdig eingeschätzt wird. Gelingt dies nicht, sind Ihre Texte wenig glaubwürdig, da sie als übertrieben gelten, und sie haben nur geringe Chancen, aufmerksam gelesen oder gar veröffentlicht zu werden. Es gibt einige Möglichkeiten, wie Sie dies erreichen können:

- Vermeiden Sie selbstlobende Wörter ohne Beleg. *Weltneuheit, innovatives Finanzprodukt, leistungsstarker Partner, wundervolle Farbeffekte, kundenorientierte Beratung* – all dies sind selbstlobende Behauptungen, die Sie belegen müssen, damit sie zu Tatsachen werden, entweder mit Fakten, Zahlen oder Beispielen.
- Lassen Sie Fakten sprechen und verzichten Sie auf selbstlobende Äußerungen. Wenn Sie beispielsweise anhand von Zahlen aufzeigen, wie sich das Auftragsvolumen im Vergleich zum Vorjahr vergrößert hat, dann berichten Sie positiv über Ihr Unternehmen, ohne ein unangenehmes Selbstlob zu transportieren.
- Gleiches gilt für Superlative. Sie sind in Pressemitteilungen verboten, es sei denn Ihr Unternehmen ist in der Tat das erfolgreichste seiner Branche, da es den größten Umsatz getätigt hat, was Sie mittels Zahlen beweisen müssen.
- Eine gute Idee, wie Sie Ihr Unternehmen positiv darstellen können, ohne in die sogenannte Selbstlob-Falle zu tappen: Geben Sie Lob von anderen wieder. Informieren Sie über erhaltene Preise oder Auszeichnungen oder geben Sie anerkennende Zitate von Experten oder Medienvertretern wieder.
- Unaufdringlich wirken auch Pressemitteilungen mit einem Berichtsanlass. Initiieren Sie darum Veranstaltungen, die Ihnen ermöglichen, über Ihr Unternehmen zu berichten, zum Beispiel Pressekonferenzen, Spendenübergaben, Eröffnungen eines neuen Werks oder einen Tag der offenen Tür.

Glaubwürdigkeit und der geschickte Umgang mit Selbstlob sind zentrale Voraussetzungen für eine erfolgreiche Kommunikation mit den Medien. Deshalb wurden sie in diesem einleitenden Kapitel angesprochen, bevor Ihnen das Buch nun verschiedene Aspekte und Regeln professioneller Pressemitteilungen vorstellt.

2 Was Journalisten von einer Pressemitteilung erwarten

Wer Pressemitteilungen schreibt und versendet, der verfolgt das Ziel, dass diese – entweder ganz oder teilweise – veröffentlicht werden. Dies kann nur gelingen, wenn sie so verfasst sind, dass sie den Ansprüchen der Journalisten hinsichtlich Thema, Textaufbau, Sprache, Stil und Gestaltung entsprechen.

Die verschiedenen Medien haben unterschiedliche Konzeptionen, Ziele und Adressatengruppen. Denken Sie nur an die Unterschiede zwischen lokalen Tageszeitungen, überregionalen Wochenzeitungen, unterhaltenden Zeitschriften und informierenden Nachrichtenmagazinen; ganz zu schweigen von den vielen Programmen der Rundfunk- und TV-Sender. So ist es nicht verwunderlich, dass es keine einheitlichen Vorgaben gibt, nach denen Journalisten ihre Themen und Informationen auswählen. Jedoch lassen sich zentrale Faktoren ausmachen, mit denen Journalisten arbeiten, wenngleich sie diese entsprechend dem jeweiligen Medium und der anvisierten Zielgruppe abwandeln. Diese Faktoren müssen PR-Autoren berücksichtigen, sollen ihre Texte und Themen veröffentlicht werden. In diesem Kapitel werden deshalb die Grundlagen professioneller Pressemitteilungen vorgestellt.

2.1 Wie Journalisten mit Pressemitteilungen umgehen

Es gibt verschiedene Arten, wie Journalisten mit Pressemitteilungen umgehen. Sie können eine Pressemitteilung für gut erachten und sie fast unverändert veröffentlichen. Manchmal kürzen sie wenige Zeilen oder die Überschrift, damit der Text in das Layout der Zeitung oder Zeitschrift passt. Wenn ein Journalist so mit Ihrer Pressemitteilung verfährt, haben Sie das Glück, dass Ihr Text unverändert veröffentlicht wird und Sie alle Informationen und alle PR-Aussagen in die Öffentlichkeit transportiert haben.

Manche Journalisten veröffentlichen eine Pressemitteilung erst, nachdem sie diese intensiv redigiert haben. Die häufigsten Arbeitsschritte sind dann: Sie prüfen den Inhalt, korrigieren ihn oder entfernen Passagen, ergänzen aber auch eigene Aspekte, zum Beispiel einen Hinweis auf ähnliche Produkte anderer Hersteller oder eine neutrale Bewertung der Produkte. So machen sie ihn neutraler und journalistischer. Man sagt auch: „*Sie schreiben den Text um.*" Nach der Bearbeitung können Journalisten den Text dem Absender vorlegen, müssen dies aber nicht tun. Für Sie als Autor heißt dies: Ihr Text wird in großen Teilen veröffentlicht, jedoch wird er verändert und womöglich gefallen Ihnen die Veränderungen nicht.

Abbildung 1 Wie Journalisten mit Pressemitteilungen umgehen

Die Pressemitteilung ...	Der Journalist ...
... wird vom Journalisten als Artikel veröffentlicht.	• redigiert den Text minimal. • ändert ihn nicht inhaltlich.
... dient dem Journalisten als Textvorlage.	• recherchiert eventuell. • überprüft eventuell. • redigiert den Text (inhaltlich und formal).
... liefert dem Journalisten eine Idee für ein Thema.	• recherchiert und prüft. • ergänzt eigene Ideen. • hinterfragt Informationen. • trägt Informationen zusammen. • kommt zu einem eigenen Ergebnis.
... wird nicht verwendet.	• hält den Text für nicht geeignet, um im eigenen Medium oder Ressort veröffentlicht zu werden. • löscht den Text im Computer oder wirft ihn in den Papierkorb. • bewahrt ihn eventuell in der Ablage auf.

Die dritte Möglichkeit: Eine Pressemitteilung liefert dem Journalisten eine Idee für eine eigene Geschichte. Er recherchiert das in der Pressemitteilung angesprochene Thema selbstständig. Er ergänzt eigene Ideen und trägt Informationen zusammen. Danach schreibt er einen eigenen Artikel, der vermutlich nur einzelne Passagen aus der ursprünglichen Pressemitteilung übernimmt, zum Beispiel Zitate. Für Sie als PR-Autor bedeutet dies: Sie haben ein Thema in den Medien platzieren können und Unternehmensvertreter kommen als Zitatengeber im Text vor. Jedoch haben Sie keinen Einfluss darauf, was der Journalist aus der ursprünglichen Idee macht: Wen er noch interviewt, wie kritisch sein Text wird oder welche Aspekte er anspricht.

Die letzte Möglichkeit, was mit Ihrer Pressemitteilung passieren kann: Sie landet im Papierkorb, da der Journalist sie nicht veröffentlichen und auch nicht für die Recherche einer anderen Geschichte verwenden möchte.

Aus journalistischer Perspektive als seriös zu bewerten sind nur die beiden letzten Varianten. Nur sie garantieren, dass die Leser eine kritische, unabhängige Berichterstattung erhalten, wie sie es von den Medien erwarten. Die beiden zuerst genannten Varianten, vor allem die erste, widersprechen einem seriösen, ethisch korrektem Journalismus, da sie den Lesern vorgaukeln, sie würden einen kritisch geprüften Artikel lesen, doch in Wahrheit lesen sie eine einseitig formulierte Pressemitteilung.

2.2 Anforderungen an professionelle Pressemitteilungen

In der PR ist es wie im Leben: Wenn der erste Eindruck negativ ist, sind die Erfolgschancen gering. Nur sehr selten werden Pressemitteilungen veröffentlicht, die dem Journalisten beim ersten Blick offenbaren, dass grundlegende Regeln nicht beachtet wurden. Darum ist es wichtig, dass jede Pressemitteilung professionell aufgebaut und gestaltet ist: Sie muss formal korrekt sein, also alle Elemente dieser Textsorte müssen vorhanden sein (s. Kap. 3). Ferner muss sie übersichtlich und attraktiv gestaltet sein. Journalisten erwarten zudem sprachlich und stilistisch korrekte Texte (s. Kap. 7), die nicht zu einseitig oder werblich formuliert sind.

Der Anlass und das Thema

Bedenken Sie ferner: Journalisten benötigen einen Anlass, um über einen Sachverhalt berichten zu können. Versierte PR-Autoren wissen dies und initiieren darum Berichtsanlässe. Für die Berichterstattung in lokalen Medien organisieren sie beispielsweise Geschäftseröffnungen, Besuche prominenter Personen im Unternehmen oder Spendenübergaben. Der überregionalen Presse oder den Fachmedien bieten PR-Autoren zum Beispiel Bilanzpressekonferenzen oder Informationen über Preisverleihungen an.

Ferner muss das Thema einer Pressemitteilung der Konzeption des Mediums entsprechen. Wirtschaftsmedien wie die Financial Times Deutschland, das Handelsblatt oder die Wirtschaftswoche berichten über die Ergebnisse des abgelaufenen Geschäftsjahrs von Unternehmen, die sie auf der Bilanzpressekonferenz erfahren haben, oder über neue strategische Ausrichtungen eines Konzerns. Sie schreiben aber nicht über den Tag der offenen Tür eines schwäbischen Mittelständlers oder eine Spendenübergabe an einen kommunalen Kindergarten. Lokale Medien hingegen greifen bisweilen diese Themen auf, beschäftigen sich aber nicht mit den Finanzthemen, es sei denn, sie haben ein Wirtschaftsressort im Mantelteil, also im überregionalen Teil der Zeitung.

Journalisten müssen Texte zu Themen veröffentlichen, für die sich ihre Leser interessieren, sonst wird das Medium weder gelesen noch gekauft. Um dies zu erreichen, entwickeln sie Annahmen über das Interesse ihrer Leser. Dieses vermutete Publikumsinteresse ist das Resultat von Verkaufszahlen, Reaktionen auf Texte und den Nachrichtenfaktoren (s. Kap. 2.3). Gewinnt ein Journalist den Eindruck, dass eine Pressemitteilung uninteressant ist für seine Zielgruppe, wird er sie nicht veröffentlichen.

Glaubwürdig und korrekt
Die Glaubwürdigkeit des Absenders ist ebenfalls eine wichtige Größe für Journalisten. Der Grund ist die Art und Weise, wie heute viele Redaktionen mit Pressemitteilungen verfahren. Sie prüfen nicht mehr – wie es eigentlich sein sollte – alle Informationen umfassend, sondern drucken so manche Pressemitteilung ganz oder auszugsweise ungeprüft ab. Dies kann aber zu rechtlichen Problemen führen, da ein Verlag für alle Texte haftet, die er veröffentlicht – und nicht deren Absender. Sollte ein Verlag also falsche Aussagen, Beleidigungen oder Informationen abdrucken, die jemandem schaden, so wird er dafür zur Rechenschaft gezogen. Die Glaubwürdigkeit des Absenders bietet Journalisten ein Mindestmaß an Sicherheit. Journalisten werden Pressemitteilungen von Unternehmen, die sie nicht kennen oder die sie als unseriös einstufen, kaum veröffentlichen. Ein Unternehmen hingegen, das bekannt ist und als seriös sowie glaubwürdig gilt, hat gute Chancen, dass seine Pressemitteilungen veröffentlicht werden – oft ungeprüft.

Eine weitere Anforderung der Journalisten an Pressemitteilungen: Der Inhalt des Textes möge korrekt sein, also keine sachlichen Fehler auf-

weisen. Falsche Jahreszahlen und Namen oder eine falsche Schilderung eines Sachverhalts führen unweigerlich dazu, dass eine Pressemitteilung einen schlechten Eindruck macht. Im besten Fall recherchiert der Journalist die Fakten nach, bevor er den Text veröffentlicht. Im schlechtesten Fall wirft er die Pressemitteilung weg oder löscht sie.
Pressemitteilungen sollen zudem plausibel sein. Unter Plausibilität des Inhaltes verstehen Journalisten, dass sie aufgrund ihres gesunden Menschenverstandes und auf der Basis ihrer Berufs- sowie Lebenserfahrung glauben können, was sie lesen, da die Fakten einen Sinn ergeben. Dies ist aber kaum möglich, wenn ein mittelständisches Unternehmen übertreibt und fast alle Pressemitteilungen mit Signalwörtern wie *einzigartig* oder *Weltneuheit* eröffnet. In diesem Kontext lässt sich ein weiterer Anspruch von Journalisten an Pressemitteilungen benennen: Die Texte sollen nicht zu werblich sein oder Schönfärbereien aufweisen. Sie dürfen also nicht zu positiv, zu übertrieben und damit falsch in der Aussage sein. Journalistische Medien haben die Aufgabe, unabhängig und kritisch zu berichten. PR-Autoren müssen darum ihre positiven Aussagen über ihr Unternehmen oder ein neues Produkt möglichst journalistisch, also möglichst neutral und sachlich formulieren, soll der Text veröffentlicht werden.

Keine offenen Fragen
Vollständigkeit der Informationen ist ein weiteres Kriterium für die Qualität von Pressemitteilungen. Sie müssen aus sich heraus verständlich sein und alle hierzu erforderlichen Informationen enthalten. Wenn ein Journalist nachfragen oder recherchieren muss, um eine Pressemitteilung zu verstehen, gilt sie entweder als schlecht, weil der PR-Autor Informationen vergessen hat, oder als unglaubwürdig, da der Journalist dem PR-Autor unterstellt, ihm bewusst Informationen vorzuenthalten, einen negativen Aspekt zu unterschlagen oder Sachverhalte zu schönen. In beiden Fällen sind die Veröffentlichungschancen gering. Zudem wird der Journalist weiteren Pressemitteilungen aus dem Unternehmen eventuell sehr vorsichtig und kritisch begegnen – und sie eventuell nicht mehr berücksichtigen, solange er andere interessante Texte zum Veröffentlichen hat.
Ob alle relevanten Informationen genannt sind, prüfen Journalisten anhand der Nachrichtenfaktoren und W-Fragen (s. Kap. 2.3, 2.4). Sie spielen zudem eine wichtige Rolle bei der Themenfindung. Denn eine wei-

tere Forderung an professionelle Pressemitteilungen lautet: Versenden Sie nur Texte mit einem gewichtigen Inhalt. Hat Ihr Unternehmen erst einmal den Ruf, unwichtige Informationen zu versenden, dann werden viele Journalisten Ihre Pressemitteilungen gar nicht mehr lesen – und das können Sie nicht wirklich wollen.

2.3 Die Nachrichtenfaktoren im PR-Kontext

Journalisten lernen in ihrer Ausbildung, Informationen schnell, adressatenorientiert und passend zum jeweiligen Medium zu gewichten und auszuwählen. Hierzu bedienen sie sich der Nachrichtenfaktoren. Dies sind Kriterien, mit denen Journalisten prüfen, ob ein Ereignis so relevant ist, dass die Medien darüber berichten sollten. Sie ermitteln also mithilfe dieser Kriterien den Nachrichtenwert von Ereignissen für ihr Medium und ihre Zielgruppe. Jedoch gelten Nachrichtenfaktoren nicht nur für die Textsorte Nachricht, vielmehr sind sie für alle journalistischen Textsorten relevant.

Journalisten nutzen die Nachrichtenfaktoren auch für den Textaufbau und um festzulegen, welche Aspekte sie in welcher Reihenfolge schildern. Da die Nachrichtenfaktoren Aspekte des Themas benennen, die für die Leser interessant sind, müssen sie stets am Textanfang genannt werden, also im Leadsatz der Nachricht oder im Vorspann des Berichts. Auch die Überschrift ist ein guter Platz, um auf einen so wichtigen Aspekt wie einen Nachrichtenfaktor hinzuweisen.

PR-Autoren können von Journalisten lernen. Auch sie sollten den Nachrichtenwert eines Ereignisses ermitteln, bevor sie entscheiden, ob und wie sie darüber berichten. Denn ohne Nachrichtenwert stehen die Chancen schlecht, dass ein Text gelesen oder gar veröffentlicht wird. Also müssen auch sie mit den Nachrichtenfaktoren arbeiten, jedoch abgewandelt und zugeschnitten auf ihre Kommunikationsabsichten und den PR-Kontext. Daher wird in diesem Buch darauf verzichtet, die journalistischen Nachrichtenfaktoren an sich vorzustellen. Stattdessen wird ihre Rolle im PR-Kontext berücksichtigt. Zugleich wird aufgezeigt, welche Nachrichtenfaktoren sich für Pressemitteilungen eignen und welche ungünstig oder sogar gefährlich sind. Die Ausführungen beschränken sich auf die wichtigsten Nachrichtenfaktoren.

Abbildung 2   Wichtige Nachrichtenfaktoren im PR-Kontext

Das Neue und Besondere

Das Neue und Besondere oder das Außergewöhnliche und Unerwartete ist ohne Frage der wichtigste journalistische Nachrichtenfaktor. Er spielt in allen Medien eine zentrale Rolle. Alle Ereignisse, die neu oder außergewöhnlich sind, haben einen sehr hohen Nachrichtenwert. Zumeist reicht er als alleiniger Nachrichtenfaktor aus, damit ein Ereignis berichtenswert ist. Im amerikanischen Journalismus spricht man auch von der man-bites-dog-Formel, gemäß dem Motto: Wenn ein Hund einen Mann beißt, ist dies nicht ungewöhnlich und folglich meist nicht erwähnenswert. Beißt aber ein Mann einen Hund, dann weicht dieses Verhalten eindeutig vom normalen Verhalten ab und hat folglich einen hohen Nachrichtenwert.

Boulevardmedien nutzen diesen Nachrichtenfaktor am häufigsten und oft sehr reißerisch. Sensationsberichte über operative Trennungen von siamesischen Zwillingen oder über den öffentlich ausgetragenen Rosenkrieg eines prominenten Paares sind nur einige Beispiele. In solchen Texten zeigen sich am deutlichsten die negativen Auswirkungen dieses Nachrichtenfaktors: eine auf Sensationen bedachte Darstellungsweise und ein Übergewicht an negativer Berichterstattung.

Seriöse Medien arbeiten ebenfalls sehr oft mit diesem Nachrichtenfaktor, wenngleich nicht reißerisch. So finden Sie in Zeitungen wie der FAZ oder der ZEIT nur dann Buchbesprechungen eines Günther-Grass-

Romans, wenn dieser neu erschienen ist. Wissenschaftsjournalisten berichten über neue – nicht über alte – Forschungsergebnisse oder einen außergewöhnlichen Erfolg bei einer Operation.

Für PR-Autoren lassen diese Überlegungen nur folgende Konsequenzen zu: Sie sollen im Unternehmen nach Ereignissen, Vorgängen oder Produkten suchen, die diesen Nachrichtenfaktor erfüllen – so finden sie Themen für Pressemitteilungen, die Journalisten gerne aufgreifen. Zudem muss bereits die Überschrift oder der Texteinstieg auf diesen Nachrichtenfaktor verweisen, damit der Journalist bereits beim Überfliegen erkennen kann, dass es sich lohnt, die Pressemitteilung zu lesen – und möglicherweise zu veröffentlichen.

PR-Autoren sollen diesen Nachrichtenfaktor nur verwenden, wenn sie positive Informationen mitteilen können: Das neue Werk in China wurde eingeweiht, die neue Marketingstrategie ist erfolgreich, für das originelle Design eines Produktes hat das Unternehmen eine Auszeichnung erhalten.

Ereignen sich hingegen im Unternehmen Dinge, die zwar außergewöhnlich, aber zugleich negativ sind, dann sollten PR-Autoren diese nicht nach außen transportieren, wenn es nicht unbedingt erforderlich ist. Dann befindet sich der PR-Autor bereits in der Krisenkommunikation, in der eigene Gesetze gelten, die in der einschlägigen Literatur vorgestellt werden.

Aktualität

Ein weiterer wichtiger Nachrichtenfaktor ist die Aktualität (zeitliche Nähe). Nichts ist so alt wie die Zeitung von gestern, heißt ein oft kolportierter Spruch, der auch heute noch Gültigkeit besitzt. Länger zurückliegende Ereignisse haben nur geringe Chancen, dass Medien über sie berichten. Jedoch reicht Aktualität als Nachrichtenfaktor alleine nicht aus, andere Faktoren müssen hinzukommen, damit aus einem Ereignis eine Nachricht in den Medien wird. So berichteten alle Zeitungen sowie Rundfunk und Fernsehen im Juni 2010 über die Hochzeit der schwedischen Kronprinzessin Viktoria. Der Nachrichtenfaktor Aktualität erforderte zwar eine zeitnahe Berichterstattung, jedoch war der Nachrichtenfaktor *Prominenz* der Grund für die tagelange umfangreiche Berichterstattung über dieses Ereignis. Nachrichtenfaktoren schließen sich also nicht gegenseitig aus, sondern können sich wechselseitig ergänzen und somit den Nachrichtenwert eines Sachverhalts erhöhen.

Wegen der Aktualität müssen Pressemitteilungen so zeitnah wie möglich verfasst und versandt werden. Der Tag des Ereignisses ist in der Regel auch der Tag, an dem PR-Autoren die Pressemitteilung an die Medien versenden oder sie auf der eigenen Homepage zum Download anbieten. Ohnehin werden viele Pressemitteilungen – entweder teilweise oder ganz – bereits vorab verfasst und den Journalisten während einer Veranstaltung zur Verfügung gestellt, zum Beispiel bei Bilanzpressekonferenzen, Vernissagen oder Messen.

Konsequenz oder Relevanz für viele
Wenn ein Ereignis für viele Menschen wichtig ist, dann spricht man vom Nachrichtenfaktor Konsequenz oder Relevanz für viele. Journalisten gehen davon aus, dass sich viele ihrer Leser für ein solches Thema interessieren – und berichten deshalb gerne und umfangreich darüber. Dank dieses Nachrichtenfaktors kann auch ein altes Ereignis von den Medien erneut oder immer wieder aufgegriffen werden, wenn seine Folgen entweder erst bekannt werden oder sie nach wie vor bestehen. Ein Beispiel ist die Berichterstattung über das Ozonloch, das schon lange bestand, ehe Wissenschaftler es 1985 entdeckten. Seitdem berichten Medien immer wieder über dieses Phänomen und die Folgen für alle Menschen wie Augenschäden oder Hautkrebs. Eine andere, immer wiederkehrende Thematik sind Diäten. Vor allem Frauenzeitschriften greifen sie jedes Jahr im Frühjahr und Sommer erneut auf.

PR-Autoren bietet dieser Nachrichtenfaktor die Möglichkeit, nicht mehr ganz aktuelle Sachverhalte in den Medien zu platzieren, sofern sie deren Relevanz für viele Menschen glaubhaft darstellen können. Dies tun bisweilen Pharmakonzerne, wenn sie über die Behandlungserfolge eines seit Jahren auf dem Markt befindlichen Medikaments bei einer großen Anzahl von Patienten berichten oder wenn das Deutsche Krebsforschungszentrum in Heidelberg darauf hinweist, dass die Vorsorgeuntersuchung bei allen Menschen das Risiko einer Krebserkrankung stark mindern kann.

Für PR-Autoren muss beim Umgang mit diesem Nachrichtenfaktor die Devise lauten: Er wird dann an exponierter Stelle in der Pressemitteilung eingebaut und damit deren Leseanreiz erhöht, wenn es sich um eine positive Konsequenz für viele handelt. Weiß ein Unternehmen aber um negative Folgen eines Sachverhalts, dann ist Krisenkommunikation mit den ihr eigenen Regeln gefragt.

Räumliche Nähe des Ereignisses

Die räumliche Nähe des Ereignisses spielt vor allem für lokale Medien eine wichtige Rolle. Alle Ereignisse innerhalb ihres Einzugsbereichs besitzen einen gewissen Nachrichtenwert, den es zu prüfen gilt. Weist der Sachverhalt einen weiteren Nachrichtenfaktor auf oder passt er aus anderen Gründen in die Konzeption des Mediums, dann berichten Lokaljournalisten über ihn – obgleich er für überregionale Medien zu unbedeutend und damit nicht berichtenswert ist. So wird eine Lokalzeitung über die Sperrung einzelner Straßen im Stadtgebiet oder die Eröffnung eines neuen Kindergartens informieren, jedoch kein überregionales Medium.

Für überregionale Medien hat die räumliche Nähe lediglich Bedeutung hinsichtlich der nationalen Einordnung von Ereignissen: Was innerhalb von Deutschland passiert, hat einen höheren Nachrichtenwert als Geschehnisse in anderen Ländern. Prinzipiell gilt die Regel: Je weiter weg sich ein Geschehen ereignet, umso bedeutender muss es sein, damit die Medien es aufgreifen. So berichten deutsche Zeitungen nur über ein Erdbeben in China, wenn viele Tote und große Verwüstungen die Folgen sind. Unbedeutend ist der Nachrichtenfaktor räumliche Nähe hingegen für Fachzeitschriften, zum Beispiel für Logistiker, Steuerberater oder Optiker. Diese Medien für eine sehr spezifische Zielgruppe gehen bei der Nachrichtenauswahl vor allem thematisch vor und weniger lokal.

Die räumliche Nähe spielt vor allem für Unternehmen eine Rolle, die sich Berichte in lokalen Medien wünschen, zum Beispiel kleine oder mittelständische Unternehmen, die zu einem Tag der offenen Tür eingeladen oder ihre Kunden vor Ort haben. Auch kulturelle Einrichtungen wie Theater, Kinos oder Galerien konzentrieren sich in ihrer PR-Arbeit oft auf lokale Zielgruppen und somit auch auf lokale Medien. Global agierende Konzerne hingegen setzen diesen Nachrichtenfaktor bezogen auf die regionale Presse seltener ein, da diese Medien für sie oft unwichtig sind. Für Konzerne ist es zumeist wichtiger, Themen in überregionalen Medien oder einschlägigen Fachzeitschriften zu platzieren; hierfür bedarf es aber anderer Nachrichtenfaktoren.

Bezug zum Unternehmen

In der PR-Branche erfährt der Nachrichtenfaktor der räumlichen Nähe eine spezifische Ausformung: den Bezug zum Unternehmen. Alle Ereignisse im eigenen Unternehmen sind für die Unternehmenskommu-

Was Journalisten von einer Pressemitteilung erwarten 29

nikation interessant. Diesen Nachrichtenfaktor gibt es aber nur in der PR, nicht im Journalismus. PR-Autoren können ihn sehr gut für interne Medien wie die Mitarbeiterzeitung oder das Intranet einsetzen. Problematisch ist er jedoch für Pressemitteilungen – also für die externe Unternehmenskommunikation: Nur weil ein Ereignis im Unternehmen XY stattgefunden hat, ist es noch lange nicht für die Öffentlichkeit interessant. Hier bedarf es dringend der Außenperspektive. PR-Autoren müssen also fähig sein, Dinge aus dem Blickwinkel der Öffentlichkeit zu sehen und sich selbstkritisch die Frage zu stellen: Ist dieser Sachverhalt für Außenstehende von Interesse? So können Sie durchaus in der Mitarbeiterzeitung lobend erwähnen, dass Sekretärinnen Ihres Unternehmens für die Erdbebenopfer von Haiti 1.000,00 Euro gesammelt haben – doch keine Zeitung wird sich dafür interessieren. Für Medien uninteressant sind auch Informationen über leicht abgewandelte Produkte, die Konkurrenzunternehmen aber ebenfalls seit Jahren anbieten, zum Beispiel Haftpflicht- oder Hausratversicherungen.

Prominenz der Handelnden
Die Prominenz der Handelnden ist ein Nachrichtenfaktor, der in den vergangenen zwei Jahrzehnten medial sehr an Bedeutung gewonnen hat; vor allem im Boulevard-Journalismus und in vielen TV-Formaten wimmelt es nur so von prominenten Personen und solchen, die die Medien selbst zu solchen machen. Die Grenzen zwischen Journalismus und öffentlich gemachtem Voyeurismus sind hierbei bisweilen fließend.

Dieser Nachrichtenfaktor bietet der Unternehmenskommunikation ohne Frage die Möglichkeit, die Aufmerksamkeit der Presse zu erlangen. Jedoch ist nicht jeder Prominente geeignet, das Image des eigenen Unternehmens zu stützen. Wer sich als seriöser, kompetenter Wirtschaftspartner präsentieren möchte, sollte auf halbnackte Promi-Sternchen verzichten. Hingegen ist es für einen Automobilhersteller durchaus sinnvoll, einen Rennfahrer zu verpflichten, da er so der Presse einen Berichtsanlass bietet. Insofern sollten Sie überlegen, welche Persönlichkeiten es fernab der TV-Prominenz gibt, die zu Ihrem Unternehmen passen: Wirtschaftspolitiker, angesehene Wissenschaftler, führende Köpfe aus Industrie oder Verbänden sind in diesem Kontext zu nennen. Repräsentanten einer Gemeinde können bei der lokalen Presse erfolgreich als Zugpferd eingesetzt werden.

Ein Nachteil dieses Nachrichtenfaktors, der vor allem kleinen Unternehmen zu schaffen macht: Viele Prominente verlangen sehr hohe Honorare, die sich oft nur Konzerne leisten können.

Emotionen und Gefühle
Der Nachrichtenfaktor Emotionen und Gefühle wird im Journalismus gerne für Human-Touch-Geschichten oder für Artikel auf den bunten Seiten verwendet. In Tages- und Wochenzeitungen, in Illustrierten sowie in Unterhaltungssendungen in Rundfunk und Fernsehen hat er eine Aufmerksamkeit fördernde Wirkung. Praktisch keine Rolle spielt er hingegen im Fachjournalismus, der zumeist berufsbezogen informiert.

Das Gros der Pressemitteilungen will über ein unternehmensrelevantes Thema informieren. Emotionalität oder Gefühle sind hierfür in den meisten Branchen nicht angebracht. Jedoch arbeiten NGOs (Non-Governmental Organizations oder Nichtregierungsorganisationen) wie Umweltschutzorganisationen, kirchliche Verbände oder ehrenamtliche Hilfsorganisationen hin und wieder mit Emotionen, indem sie Fallbeispiele von Betroffenen schildern. Sehr gut einsetzen lässt sich dieser Nachrichtenfaktor in den PR-Medien Mitarbeiterzeitung oder Kundenzeitschrift, doch sie sind nicht Thema dieses Buches.

Sex and Crime
Ebenfalls auf der emotionalen Ebene liegt der Nachrichtenfaktor Sex and Crime, der jedoch negative Gefühle thematisiert und anspricht. Er spielt in den Medien – abgesehen von den Fachmedien – eine sehr wichtige Rolle. Artikel rund um diese Thematik erfreuen sich bei Lesern einer sehr großen Aufmerksamkeit und lassen sich sehr gut verkaufen. Dies gilt vor allem für Boulevardmedien, doch auch andere Medien verzichten nicht völlig auf Sex and Crime. So berichten Bildzeitung, FAZ, Süddeutsche Zeitung, lokale Zeitungen sowie Nachrichten in Funk und Fernsehen allesamt über Missbrauchsfälle in der Katholischen Kirche, Vergewaltigungen oder Entführungen und Mord.

Für die PR-Branche gilt: Wenn dieser Nachrichtenfaktor eine Rolle spielt, dann ist ein Unternehmen in einer schwierigen Situation und muss mittels Krisenkommunikation das Problem so gut wie möglich bewältigen.

Konflikt und Kampf
Genauso verhält es sich beim Nachrichtenfaktor Konflikt und Kampf. In den journalistischen Medien wird er sehr gerne täglich und in nahezu allen Ressorts eingesetzt. Der Politikredakteur informiert über Anschläge in Palästina oder politische Auseinandersetzungen zwischen den verschiedenen Parteienvertretern in Deutschland. Auf den Wirtschaftsseiten informieren Journalisten über Konflikte zwischen Arbeitgebern und Arbeitnehmern, zwischen Banken und Politikern, zwischen Börsenaufsicht und Aktiengesellschaften. Die gesamte Sportberichterstattung lebt ohnehin von diesem Nachrichtenfaktor, wie das Wort Wett*kampf* signalisiert. Für Pressemitteilungen ist er aber gänzlich ungeeignet.

2.4 Die W-Fragen

Wer? Was? Wann? Wo? Wie? Warum? Dies sind die sogenannten W-Fragen. Sie stammen aus dem Journalismus, eignen sich aber hervorragend auch für das Verfassen von Pressemitteilungen. Mehrere Funktionen können sie erfüllen.

Abbildung 3   Die W-Fragen

Zum einen sind die W-Fragen wichtig in der Vorbereitung, also in der Phase, bevor Sie einen Text schreiben. Zunächst müssen Sie die relevanten Informationen zusammentragen, also recherchieren. In dieser Phase sind die W-Fragen von Bedeutung, da sie Ihnen helfen zu ermitteln, ob Sie alle relevanten Informationen erfasst haben. Nur wenn Sie alle W-Fragen beantworten können, sind Sie umfassend informiert.

Nach der Recherche erfolgt die Textplanung: Welche Aspekte sollen in der Pressemitteilung angesprochen werden und in welcher Reihenfolge sollte dies geschehen? Dies zu entscheiden ist wichtig, da die Textplanung ausschlaggebend ist für den späteren Erfolg eines Textes. Vergessen Sie bedeutende Informationen, dann ist die Pressemitteilung entweder nicht verständlich oder vermittelt einen falschen Eindruck. Berichten Sie zunächst von unwichtigen Aspekten, dann liest der Journalist womöglich nicht weiter, da ihn die Pressemitteilung langweilt.

Deswegen sollten Sie Ihre Pressemitteilungen wie journalistische Artikel verfassen: Die jeweils wichtigsten W-Fragen werden in der kurzen Pressemitteilung im ersten Satz (Leadsatz der Nachricht) und in der langen Pressemitteilung wie im journalistischen Bericht im Vorspann beantwortet. Bisweilen finden sich die Antworten – oft in geraffter Form – auch in den Überschriften wieder. W-Fragen, die nicht so wichtig sind, werden hingegen erst an einer späteren Stelle im Text beantwortet – oder aber gar nicht.

Sollen Sie einen Text nicht eigenständig recherchieren, sondern von einem anderen Autor erhalten, um ihn als Pressemitteilung zu veröffentlichen, sollten Sie ebenfalls mit den W-Fragen arbeiten. Sie dienen Ihnen dann als Leitfaden für das Prüfen der Inhalte: Sind alle Informationen genannt? Sind sie vollständig, sodass der Text keine Frage offen lässt und der Leser ihn sofort und aus sich heraus verstehen kann? Welche Informationen fehlen? Welche W-Fragen kann der Leser nicht beantworten?

Die W-Fragen helfen aber auch beim Verfassen einer Pressemitteilung. Sie haben gerade einen schlechten Tag und wissen nicht, wie Sie Ihren Text beginnen sollen? Nun, dann beantworten Sie erst einmal die wichtigste W-Frage, ergänzen Sie weitere W-Fragen und führen Sie diese aus. Wenn Sie so verfahren, dann schreibt sich Ihre kurze Pressemitteilung fast von selbst – ohne dass Sie kreative Ideen entwickeln müssen. Bei langen Pressemitteilungen haben Sie nach diesem Verfahren bereits den Vorspann und die folgenden Zeilen geschrieben.

2.5 Vom richtigen Umgang mit Journalisten

Zusätzlich zu den oben genannten Faktoren, die PR-Autoren helfen, dass ihre Pressemitteilungen veröffentlicht werden, gibt es auch den „menschlichen Faktor": den Journalisten. Er fungiert als Gatekeeper, da er entscheidet, welche Texte und Informationen veröffentlicht oder gelöscht werden. Darum ist die professionelle Kontaktpflege für eine erfolgreiche Pressearbeit unerlässlich.

Persönlicher Geschmack und individuelle Wünsche
Zunächst eine traurige Wahrheit: Trotz verlagseigener Regeln zum Veröffentlichen von Pressemitteilungen werden Sie es immer wieder erleben, dass ein Journalist ein Thema dankbar aufgreift und zu einem langen Bericht verarbeitet, der Kollege es aber ignoriert oder zu einer kleinen Meldung kürzt. Darum sollten PR-Autoren Kontakt zu Journalisten aufnehmen und pflegen. Selbstverständlich können Sie als PR-Autor oder als Mitarbeiter der Unternehmenskommunikation eines Großkonzerns nicht mit allen Redaktionen in Kontakt stehen. Doch sollten Sie bemüht sein, die Redakteure der für Ihr Unternehmen wichtigen Zielmedien zu kennen.

Wer Kultur-PR für ein kleines Theater oder eine ortsansässige Kleinkunstbühne macht, sollte die Journalisten der örtlichen Medien (Lokalzeitung, Cityradio oder regionaler TV-Sender) kennen, um zu erfahren, welche Informationen sie wann und in welcher Form wünschen. Die Unternehmenskommunikation eines Automobilzulieferers muss nicht zwingend enge Kontakte zur Lokalpresse pflegen, wohl aber zu den einschlägigen Fachzeitschriften der Zuliefer- und Automobilindustrie. PR-Autoren in Pharma- oder Chemiekonzernen sollten hingegen sowohl lokal als auch national denken. Mittels der Lokalpresse kommunizieren sie mit den Anwohnern des Unternehmensstandorts, um ein gutes nachbarschaftliches Verhältnis zu pflegen. Bei einer möglichen Krise, wie dem Entweichen von Chemikalien, kann sich dies positiv auswirken. Über die Fachpresse hingegen kommunizieren Konzerne der Chemiebranche beispielsweise über ihr Portfolio oder die Entwicklung neuer Produkte.

Vorsicht bei der Kontaktpflege
Weniger ist mehr – diesen Leitspruch sollten PR-Autoren bei der Kontaktpflege mit Journalisten beherzigen. In den Redaktionen herrscht oft Zeitdruck, ein großes Arbeitspensum will bewältigt werden und zugleich suchen viele PR-Experten das Gespräch. Ihre Kontaktaufnahme sollte daher stets zielorientiert erfolgen und dem Journalisten einen Mehrwert bieten: Informieren Sie ihn über neue Aspekte zu einem aktuellen, öffentlich diskutierten Thema. Bitten Sie nur um einen Redaktionsbesuch,

wenn von Ihrem Unternehmen schon lange niemand dort war, der Verlag aber regelmäßig über Ihr Unternehmen oder Ihre Branche berichtet. Selbstverständlich müssen Sie interessante Neuigkeiten bieten.

Vermeiden Sie unverbindliche Kontaktaufnahmen, von denen der Journalist nichts hat. Schlechte Erfolgsaussichten für eine gedeihliche Zusammenarbeit hat der unverbindliche Redaktionsbesuch ohne Anlass nach dem Motto: *„Herr Müller, wir sollten uns mal kennenlernen!"* Ebenso zu vermeiden: Eine Einladung zu einem Pressegespräch, das weder Neuigkeiten bietet noch einen Anlass hat.

Im Arbeitsalltag von Journalisten gibt es Zeiten, in denen sie extrem eingespannt und angespannt sind, zum Beispiel während einer Redaktionskonferenz oder kurz vor Redaktionsschluss, wenn alle Texte und Seiten fertig gestellt werden müssen. Kommunikationsbelange von PR-Autoren interessieren sie dann nicht. Klären Sie bei jedem Telefonat und jeder anderen Kontaktaufnahme zunächst ab, ob Ihr Gegenüber wirklich Zeit hat. Wenn dies nicht der Fall ist, dann sollten Sie Ihr Anliegen auf einen späteren Zeitpunkt verlegen.

Das Verhältnis zwischen Journalismus und PR beruht auf Gegenseitigkeit. Nicht nur Sie wollen etwas von den Medien, sondern auch umgekehrt. Oft benötigen Journalisten Informationen von Ihnen, zum Beispiel wenn sie einen Sachverhalt recherchieren oder auf der Suche nach Themen sind. In solchen Situationen können Sie sich als kompetenter und kooperativer Partner präsentieren. Und vor allem: Bleiben Sie auch in schwierigen Zeiten freundlich. Geben Sie bereitwillig Auskunft, stellen Sie Informationen zusammen oder vermitteln Sie einen gewünschten Interviewpartner. So können Sie Kontakte zu Journalisten aufbauen oder intensivieren. Dies wird Ihnen helfen, wenn Sie eine Pressemitteilung oder Information veröffentlicht haben möchten. Zudem können Mitarbeiter sowie Repräsentanten Ihres Unternehmens zu gefragten Interviewpartnern werden – und können sich auch jenseits der Pressemitteilungen in Medien äußern.

Der richtige Zeitpunkt
Sollen Pressemitteilungen veröffentlicht werden, dann müssen sie rechtzeitig den Redaktionen vorliegen. Lokale Medien, überregionale Medien, Onlineprodukte, Fachzeitschriften – sie alle haben spezifische Termine, die es zu beachten gilt. Elektronische Medien benötigen Texte am frühesten, nämlich am Tag des Ereignisses. Dies gilt auch für lokale

Was Journalisten von einer Pressemitteilung erwarten 35

Medien. Wöchentlich oder gar monatlich erscheinende Printprodukte oder Radio- beziehungsweise TV-Formate arbeiten in einem länger angelegten Turnus. Texte müssen zumeist zwei bis vier Wochen vor der Veröffentlichung vorliegen, bisweilen aber sogar früher. Auch innerhalb eines Mediums kann es in den verschiedenen Ressorts unterschiedliche Terminwünsche geben. Für Terminkalender werden die Ankündigungstexte zumeist recht lang im Voraus benötigt, da sie oft einen längeren Vorlauf benötigen als redaktionelle Beiträge. Für PR-Autoren heißt dies: Sie müssen erfassen, wann die für sie wichtigen Redaktionen die Beiträge benötigen und den Versand entsprechend terminieren.

Es gibt also viele Aspekte, die Sie beachten müssen, soll Ihre Pressemitteilung von Journalisten beachtet werden. Weitere Details folgen in den kommenden Kapiteln.

3 Die einzelnen Elemente der Pressemitteilung

Für Pressemitteilungen existieren keine allgemein verbindlichen Vorgaben, wie etwa die DIN 5008 für Geschäftsbriefe. Jedoch haben sich in der Praxis einige Regeln für die Gestaltung und den Aufbau von Pressemitteilungen herausgebildet. Diese werden in diesem Kapitel vorgestellt. Die gängigen Bestandteile einer Pressemitteilung sind:

- Firmenlogo, Adresse und Ansprechpartner,
- Hinweis auf die Textsorte,
- Sperrfrist (falls es eine solche gibt),
- Datum,
- Überschrift,
- Text mit Leadsatz oder Vorspann (zumeist in Anlehnung an die Nachricht oder den Bericht verfasst),
- Informationen für den Journalisten (eventuell), zum Beispiel
- Längenangabe (nicht zwingend erforderlich) und
- Boilerplate (bieten nicht alle Pressemitteilungen),
- Bildmaterial.

3.1 Layout und Aufbau

Pressemitteilungen müssen bereits auf den ersten Blick überzeugen und den Journalisten motivieren, sie komplett zu lesen und anschließend zu bearbeiten. Sind sie aber optisch unattraktiv und unübersichtlich gestaltet oder entsprechen sie nicht den gängigen Regeln, wird mancher Redakteur weder das eine noch das andere tun. Fehlen beispielsweise die Kontaktdaten, so vermutet er unprofessionelles oder unfreundliches Verhalten des Absenders und befürchtet, nur schwerlich Antworten auf Fragen zu erhalten. Ist eine Pressemitteilung zu lang, so kostet ihn das Kürzen des Textes viel Zeit. Diese wird er wohl bei einem wichtigen Thema wie einer Bilanzpressekonferenz aufwenden, aber er wird keinen

Text über einen Tag der offenen Tür von 120 Zeilen auf 60 Zeilen kürzen, wenn er es irgendwie vermeiden kann.

Abbildung 4 Schema einer Pressemitteilung

Logo

Anschrift des Absenders

Datum

Hinweis auf die Textsorte

Kurze Dachzeile
Fette und große Hauptzeile
Kleine und fette Unterzeile/Kann aus zwei Teilen bestehen

Der Vorspann (bei mehrseitigen Pressemitteilungen) oder der Leadsatz (bei einseitigen Texten) fasst die Hauptgedanken zusammen oder benennt den Hauptgedanken.

Absatz Absatz.

Absatz Absatz

(...)

Boilerplate Boilerplate Boilerplate Boilerplate Boilerplate Boilerplate Boilerplate Boilerplate Boilerplate Boilerplate Boilerplate Boilerplate Boilerplate Boilerplate Boilerplate

Kontaktdaten

Hinweis auf Fotos

Seite 1/2

Elemente oberhalb des Textes

Im Kopf jeder Pressemitteilung befindet sich das Logo des Unternehmens. Es steht entweder links, mittig oder rechts – so wie es die Corporate-Design-Vorgaben des Unternehmens vorsehen. Das Logo sollte ein Blickfang auf der Seite sein, damit der Journalist sofort den Absender erkennen kann. Der Hinweis auf die Textsorte steht – optisch hervorgehoben in großen oder fetten Lettern – ebenfalls über dem Text. Zumeist finden sich folgende Begriffe: *Pressemitteilung* oder *Presseinformation*.

Manche Pressemitteilungen sollen nicht vor einem bestimmten Termin veröffentlicht werden und unterliegen einer sogenannten Sperrfrist. Dies kann der Fall sein, wenn Sie im Voraus über ein noch nicht stattgefundenes Ereignis berichten, zum Beispiel über die Rede des Vorstandsvorsitzenden bei der Bilanzpressekonferenz in zwei Tagen. Auch über neu entwickelte Produkte, die erst noch auf einer Messe vorgestellt werden, oder Kongressbeiträge, noch zu fassende Beschlüsse sowie anstehende Ehrungen. Gleiches gilt für anstehende Fusionen oder unternehmensinterne Veränderungen im Zuge von Change-Management-Prozessen.

Sollen Pressemitteilungen erst nach einem bestimmten Termin veröffentlicht werden, dann müssen PR-Autoren diesen Wunsch eindeutig mitteilen. Dies tun sie durch den Hinweis auf die Sperrfrist, der die ausgesandte Pressemitteilung unterliegt, zum Beispiel:

Sperrfrist: Frei ab Montag, 20.12.2010, 14:00 Uhr

Hinweise auf die Sperrfrist einer Pressemitteilung sind gut sichtbar zu platzieren, zum Beispiel optisch hervorgehoben mit fetten Buchstaben, und stets auf der ersten Seite, damit sie dem Journalisten sofort ins Auge springen.

Bitte verwenden Sie Sperrfristen ausschließlich, wenn ein sachlich triftiger Grund vorliegt. Für Pressemitteilungen zu allgemeinen Themen sollten sie auf keinen Fall verwendet werden – und sind ein Zeichen von Unprofessionalität. Zudem sollten Sie beachten: Sperrfristen sind lediglich ein Wunsch von Unternehmen. Verlage können nicht juristisch dazu verpflichtet werden, sie einzuhalten.

Eingeführte Regeln für das Manuskript
Pressemitteilungen werden immer einspaltig gesetzt und das Papier nur einseitig beschrieben. Der Zeilenabstand beträgt meistens 1,2 oder 1,5 Zeilen. Die Texte sind entweder im Flattersatz linksbündig oder im Blocksatz verfasst; beide Varianten sind heute möglich. Gute Schriftgrößen sind 10, 11 oder 12 Punkt. Kleinere Lettern lassen sich schlecht lesen, größere verbrauchen zu viel Platz. Als gängige Schriftarten haben sich Arial und Verdana durchgesetzt; wissenschaftliche Institutionen verwenden gerne Times New Roman. Unternehmen mit einer eigenen Schrift entsprechend dem Corporate Design verwenden diese.

Die klassische Lehre fordert von Pressemitteilungen einen breiten Rand für das Redigieren, in der Regel befindet sich dieser rechts. Der Rand der drei anderen Seiten entspricht zumeist den Vorgaben der DIN 5008, also 2,4 oder 2,5 cm. Er kann auch entsprechend dem eigenen Corporate Design ein anderes Maß haben.

Die Zeilenlänge umfasst circa 40 bis 60 Anschläge oder Zeichen; Leerzeichen gelten auch als Anschläge. Diese Regelung wurde in den vergangenen Jahren aufgeweicht. Immer häufiger sind Pressemitteilungen zu lesen, die 80, 90 oder gar 100 Anschläge je Zeile haben. Dies macht es Journalisten schwer, auf den ersten Blick die Länge eines Textes oder Absatzes einschätzen zu können. Ferner scheint es PR-Autoren zu verleiten, längere Texte zu verfassen. Für die Textlänge gilt: Eine Pressemitteilung sollte eine Seite umfassen, bei wichtigen Anlässen zwei Seiten. Diese Vorgaben, vor allem die erste, werden in vielen Unternehmen nicht mehr berücksichtigt.

Informationen für den Journalisten
Nach einer Pressemitteilung finden sich bisweilen Informationen für Journalisten. Diese sollten Sie mittels Leerzeilen von der eigentlichen Pressemitteilung abgrenzen und optisch markieren, zum Beispiel durch eine andere Schrift, kursive Lettern oder einen kleineren Zeilenabstand. Ein Service für den Journalisten ist die Längenangabe des Textes; entweder gerechnet in Zeichen oder in Anschlägen je Zeile. Eine Pressemitteilung in Form einer Nachricht umfasst demnach etwa 10 bis 20 Zeilen à 40 Anschläge oder 400 bis 800 Zeichen.

Bisweilen steht im Anschluss an den Text und optisch anders gestaltet der sogenannte Boilerplate (s. Kap 3.3), eine kurze Selbstdarstellung des Unternehmens. Auch die Kontaktdaten des Ansprechpartners für Rückfragen werden gerne dort genannt, falls sie nicht bereits im Kontaktfeld stehen. Weitere mögliche Zusätze sind Sätze wie: *Abdruck honorarfrei. Belegexemplar erbeten.*

Wichtig ist: Alle Pressemitteilungen eines Unternehmens müssen einheitlich gestaltet sein in Bezug auf das Corporate Design, den Textaufbau und den Sprachstil. Sie dienen als Visitenkarte und Wiedererkennungsmerkmal eines Unternehmens. Meiner Erfahrung nach haben große Konzerne diese Erkenntnis bereits umgesetzt. Schwieriger scheint dies bei Institutionen zu sein, die sich aus vielen verschiedenen Untereinheiten zusammensetzen, welche ihre Eigenständigkeit nicht ganz aufgeben wollen. So haben einige Universitäten zwar eine Pressestelle, die einheitliche und entsprechend dem Corporate Design layoutete Pressemitteilungen verschickt, doch die Fakultäten versenden bisweilen eigene, selbst gestaltete und verfasste Texte – damit „verwässern" sie die Außendarstellung der Hochschule und erschweren deren Imageaufbau.

3.2 Der Text

Die Pressemitteilung besteht aus den Elementen Überschrift, Leadsatz oder Vorspann sowie Fließtext. Diese werden ausführlich in jeweils eigenen Kapiteln vorgestellt.

Die Überschrift sollte optisch hervorgehoben werden und benennt die zentrale Aussage des nachfolgenden Textes. Der Vorspann – am besten fett gesetzt – ergänzt und erweitert die Überschrift. Oft entscheidet der Journalist aufgrund dieser beiden Textelemente, ob er die Pressemitteilung liest – oder aber in den Papierkorb befördert. Darum sollten Sie Überschrift und Vorspann stets mit großer Sorgfalt verfassen und mit ausreichend Leseanreiz versehen. Pressemitteilungen sollten am besten der journalistischen Nachricht oder dem journalistischen Bericht nachempfunden sein, also den Regeln des nachrichtlichen Schreibens entsprechen. In einer sachlichen, möglichst neutralen Sprache sind die Fakten eines Sachverhalts nach dem Prinzip der abnehmenden Wichtigkeit dargestellt. Aufgrund dieser Climax-First-Form werden die wichtigsten Informationen im ersten Satz oder Absatz genannt. Je unwichtiger eine Information wird, umso weiter hinten im Text steht sie. So können Pressemitteilungen von hinten gekürzt werden.

3.3 Der Boilerplate

Dieses Element der Pressemitteilung ist noch relativ jung und noch nicht alle Unternehmen verwenden es. Da es aber PR-Autoren Vorteile bietet, soll es ausführlich vorgestellt werden.
Andere Bezeichnungen für diese Passage sind *Abbinder* oder *Backgrounder*. Der Boilerplate steht nach dem Ende der eigentlichen Pressemitteilung und bietet eine kurze Selbstdarstellung des Unternehmens mit zum Beispiel folgenden Inhalten: vollständiger Name mit allen juristischen Angaben, oft zusätzliche Selbstreferenz mit bewertender Kategorisierung des Unternehmens, Branchenzugehörigkeit und Tätigkeitsschwerpunkte, Anzahl der Mitarbeiter, die Standorte, Einbettung in einen größeren Konzern, eventuell Umsatzzahlen, Informationen zur Gründung und zur aktuellen strategischen Ausrichtung des Unternehmens. Manche Firmen führen den Boilerplate mit einer Überschrift ein.

Unternehmensportrait
Die STIHL Gruppe entwickelt, fertigt und vertreibt handgetragene, motorbetriebene Geräte für die Forstwirtschaft und Landschaftspflege sowie die Bauwirtschaft. Ergänzt wird die Produktpalette durch das Gartengerätesortiment von VIKING. Die Produkte werden grundsätzlich über den servicegebenden Fachhandel vertrieben – mit 32 eigenen Vertriebsgesellschaften, mehr als 120 Importeuren und rund 35.000 Fachhändlern in über 160 Ländern. STIHL ist seit 1971 die meistverkaufte Motorsägenmarke weltweit. Das Unternehmen wurde 1926 gegründet und hat seinen Stammsitz in Waiblingen bei Stuttgart.
(Presseinformation Andreas Stihl AG 2010)

Über sanofi-aventis:
Sanofi-aventis ist ein führendes, globales Pharmaunternehmen, das therapeutische Lösungen erforscht, entwickelt und vertreibt, um das Leben der Menschen zu verbessern. Sanofi-aventis ist an den Börsen in Paris (EURONEXT: SAN) und New York (NYSE: SNY) gelistet.
(www.sanofi-aventis.de, Boilerplate der Pressemitteilungen aus dem Jahr 2010)

Der Boilerplate lässt Journalisten die Eckdaten eines Unternehmens auf einen Blick erfassen. PR-Autoren hingegen können wichtige Fakten über das Unternehmen mitteilen und verbinden damit die Hoffnung, Falschaussagen in journalistischen Medien vorzubeugen. Zudem wollen

PR-Autoren mit dem Boilerplate Begriffe des Corporate Identity Wording, also unternehmenseigene Formulierungen, in den Medien platzieren. So bezeichnet sich das Unternehmen Bosch in seinem Boilerplate als *international führendes Technologie- und Dienstleistungsunternehmen*, und die BASF stellt sich so vor: *BASF ist das führende Chemie-Unternehmen der Welt: The Chemical Company*.

Zudem kann der Boilerplate PR-Autoren das Verfassen kurzer Pressemitteilungen erleichtern, da sie nicht alle Informationen über das Unternehmen im Text nennen müssen. Der Boilerplate ist ein Textbaustein, der über einen längeren Zeitraum unverändert bleibt und keinen direkten Bezug zum aktuellen Anlass der jeweiligen Pressemitteilung hat. Da er nicht zum aktuellen Text gehört, sollte er räumlich durch mehrere Leerzeilen von diesem getrennt sein und in einem anderen Layout präsentiert werden, zum Beispiel mit einem geringeren Zeilenabstand, in kursiven oder kleineren Lettern.

Da der Boilerplate das Selbstbild des Unternehmens transportiert, ist er strategisch sehr wichtig und sollte wohl überlegt formuliert sein. Er muss auf jeden Fall mit der Unternehmensleitung abgestimmt werden, da er die offizielle kurze Selbstdarstellung des Unternehmens ist und sich im Sinne einer integrierten Kommunikation in alle Kommunikationsbestrebungen des Unternehmens einfügen muss.

3.4   Fotos und Bebilderung

Bitte versenden Sie nie eine Pressemitteilung ohne Bildmaterial. Am besten verwenden Sie Fotos sowohl im Hoch- als auch im Querformat. Verlage sind nämlich stets auf der Suche nach Fotos und anderen Bebilderungen wie Grafiken oder Tabellen – und freuen sich, wenn ihnen diese kostenfrei zur Verfügung gestellt werden. PR-Autoren wiederum vergrößern damit die Chance, dass ihr Text veröffentlicht oder das Thema aufgegriffen wird. Dies gilt selbst für kurze Texte wie eine Meldung oder Nachricht, die in Printmedien bisweilen ohne Foto veröffentlicht werden. Unbedingt sollten Sie Bildmaterial bei längeren Pressemitteilungen anbieten, da Printmedien solche Texte fast immer mit einem oder mehreren Bildern veröffentlichen müssen.

Das richtige Motiv
Ihre Fotos sollten stets ein interessantes, aussagekräftiges Motiv bieten und die Aussage des Textes unterstützen. Die besten Azubis eines Jahrgangs müssen nicht immer in Reih und Glied stehen, sondern können auch in Aktion bei der Arbeit gezeigt werden. Warum muss es so oft ein langweiliges Kopfbild (also ein kleines Porträtfoto) des Vorstands sein, das an einen Personalausweis erinnert? Zeigen Sie ihn doch im Gespräch mit Kollegen oder vor Ort in einer Werkshalle. Werbefotos aus Katalogen oder Broschüren sind für Pressemitteilungen völlig ungeeignet. Falls Sie professionelle Fotos von Produkten erstellen, dann kann der Fotograf für die Marketingabteilung Werbefotografien machen, doch für Ihre Pressemitteilungen benötigen Sie PR-Fotos, die nicht nur das Produkt zeigen, sondern – entsprechend den journalistischen Vorgaben – eine Geschichte erzählen: Menschen bedienen eine Anlage, ein Produkt wird eingesetzt, Personen unterhalten sich.

Nutzen Sie beide Möglichkeiten, die Ihnen Fotos bieten: Transportieren Sie nicht nur Informationen, sondern wecken Sie auch Emotionen, wie es atmosphärische Bilder von Veranstaltungen oder Personen tun. Ein häufiges Problem von PR-Fotos ist ihre Beliebigkeit. Hand aufs Herz: Wie oft haben Sie schon eine junge, blonde Dame im schicken Hosenanzug am Computer sitzen gesehen oder den dunkelhaarigen, smarten Kollegen – genutzt zur Bebilderung von Texten zu völlig verschiedenen Themen, zum Beispiel Computerarbeit, neue Softwarelösungen, verbesserte Quality-Management-Prozesse, Änderungen der gesetzlichen Arbeitszeit oder Möglichkeiten des Berufseinstiegs von Akademikern. Wer solche Bilder verwendet, der sticht weder aus der Menge der Pressemitteilungen hervor noch erhöht er die Chance auf Veröffentlichung – und im Gedächtnis bleiben solch beliebige Fotos auch nicht.

Bitte verzichten Sie auf unpassende Fotos von Unternehmensrepräsentanten. Vor allem Verwaltungen und Ministerien ergänzen Texte aller Art gerne mit Kopfbildern der Bürgermeister oder Minister. Dass diese bisweilen veraltet sind und das inzwischen ergraute Stadtoberhaupt als flotten Mittdreißiger zeigen, schadet der Glaubwürdigkeit solcher PR-Aktionen. Außerdem sagt solch ein Kopfbild nichts über den Bau einer neuen Brücke oder die Fertigstellung einer Straße. Journalisten erwarten stattdessen Bilder der fertigen Brücke, vom Baufortschritt oder der neuen Straßen. Glaubwürdigkeit und Professionalität von Pressemitteilungen macht sich auch an der Bildauswahl fest.

Die einzelnen Elemente der Pressemitteilung 45

Außer Fotos können Sie auch Grafiken oder Tabellen verschicken. Beispielsweise in der Finanzkommunikation bietet es sich an, Fakten über Unternehmensentwicklungen oder Branchentrends so zu veranschaulichen. Jede Grafik oder Tabelle sollte stets nur eine Information transportieren, einfach zu verstehen und mit einem erklärenden Text versehen sein.

Technische Details
Bilder können verschieden versandt werden. Nicht mehr zeitgemäß ist es, Fotos nur noch auf Papier anzubieten. Dies sollte lediglich eine Ergänzung zum elektronischen Angebot darstellen. Versenden Sie trotzdem einmal eine Pressemitteilung per Post und wollen Bildmaterial zum Veranschaulichen beilegen, dann ist der gängige Standard bei Farbfotos ein Format von 13 × 18 cm und eine glänzende Oberfläche, da die Bilder beim Einscannen sonst unscharf werden.

Immer müssen Sie zudem das Bildmaterial auch digital anbieten. Sie senden es entweder auf einem USB-Stick oder einer CD mit oder legen es in dieser Form einer Pressemappe bei. Häufiger wird aber ein Link angegeben, der zur Bildergalerie auf der eigenen Homepage leitet, wo sich der Journalist das gesamte Bildmaterial anschauen und die für ihn passenden Fotos oder Grafiken herunterladen kann. Dieses Angebot im Pressebereich von Homepages ist heute obligatorisch. Neben Fotos zu aktuellen Pressemitteilungen sollten Journalisten dort Bildmaterial rund um das Unternehmen finden, zum Beispiel das Firmenlogo, Porträts verantwortlicher Mitarbeiter, Fotos von Gebäuden oder Produkten.

Wer Pressemitteilungen elektronisch verschickt, steht vor der schweren Entscheidung, ob er Fotos als Anhang ergänzt, wodurch die Pressemitteilung schnell einige Megabytes groß werden kann, oder ob er lediglich Links zur Homepage des Unternehmens anbietet. Zu empfehlen ist eine Mischung: Senden Sie zusammen mit der elektronischen Pressemitteilung zumindest kleine Fotos mit, so bleibt die Datei klein, doch der Journalist erhält trotzdem eine Bildauswahl. So muss er nicht Ihre Homepage besuchen, um dann festzustellen, dass sich das Bildermaterial für sein Medium nicht eignet.

Digitale Bilder sollten eine Größe von 13 × 18 cm und eine Auflösung von 300 dpi haben. Sie können verschiedene digitale Bildformate nutzen – alle bieten sowohl Vor- als auch Nachteile. So können jpg-Dateien von allen gelesen werden und sind klein genug, um sie per E-Mail zu versenden. Allerdings kann die Datenkompression die Bildqualität verschlechtern. Die eps- und tif-Formate werden von Layoutern bevorzugt, sind aber nicht so geeignet, um sie per Internet zu übermitteln. Aufgrund der verschiedenen Redaktionssysteme sollten Pressestellen und Agenturen vorab anfragen, in welchem Format und in welcher Auflösung die für sie wichtigen Redaktionen das Bildmaterial wünschen oder es in verschiedenen Varianten versenden bzw. als Download anbieten.

Dank der digitalen Fotografie ist es heute leichter als früher, passable Fotos zu schießen. Für Mitarbeiterzeitungen mag dies eine günstige Alternative sein. Jedoch sollten Sie bei Pressemitteilungen nur professionelles Fotomaterial nutzen. Am besten, Sie setzen einen Fotografen ein. Kostenlose oder sehr günstige Bilder gibt es bei einigen Datenbanken wie pixelio oder aboutpixel. Sie müssen aber stets diese Quellen angeben, was eventuell Ihrer PR-Strategie oder dem Image des Unternehmens zuwiderläuft. Zudem finden Sie dort zwar sehr viele Fotos, die aber kaum zugeschnitten sind auf Ihr Unternehmen.

Bildunterschriften
Vergessen Sie nicht die Bildunterschriften. In wenigen Worten beschreiben sie so konkret wie möglich, was auf dem Bild zu sehen ist. Am besten ergänzen Sie eine Aussage über das Gezeigte:

> Maschine XY druckt präzise und schnell Flyer, Broschüren und Bücher.

> Neu eröffnet: Die Werkshalle in ... mit zwei neuen Produktionsstraßen.

> Der MX 10 von Unternehmen XX: Mehr Effizienz und längere Laufzeiten.

Zeigt das Bild eine oder mehrere Personen, so müssen diese eindeutig identifizierbar sein.

> Die Vorstandsvorsitzenden Franz Müller und Gert Müller (von links) ...

> Geschäftsführer Bruno Beispiel (Bildmitte) ehrt die Gewinner des Betrieblichen Vorschlagwesens.

Fotos müssen stets einen Quellenhinweis und einen Vermerk zu den Nutzungsrechten haben. Hilfreich sind Vermerke wie das Datum und der Zusatz *Abdruck honorarfrei*. Ferner können Sie Angaben zu Format und Größe des jeweiligen Fotos ergänzen.

Fotos unterliegen dem Urheberrecht. Sie dürfen sie nur veröffentlichen, wenn Sie deren Nutzungsrecht erworben haben. Es regelt, ob Sie ein Foto nur zu einer Pressemitteilung stellen, ob Sie es zudem in der Bildergalerie auf Ihrer Homepage anbieten und ob Sie es darüber hinaus sogar für Flyer oder Broschüren verwenden dürfen. Die Kosten sind unterschiedlich hoch, je nachdem für wie viele Medien und für welchen Zeitraum Sie ein Foto nutzen.

4 Textsorten für Pressemitteilungen

Der Begriff *Textsorte* stammt aus der Sprachwissenschaft. Er bezeichnet Gruppen von Texten, die sich anhand gemeinsamer Merkmale von anderen Texten unterscheiden. In allen Lebensbereichen stoßen wir auf Textsorten: Im Haushalt schreiben wir Einkaufslisten und bewahren Gebrauchsanleitungen von Kühlschränken auf. Im Büro verfassen wir Protokolle von Sitzungen oder Geschäftsbriefe nach der DIN 5008. In Zeitungen lesen wir kurze Nachrichten, informative Berichte und bewertende Kommentare. In der PR-Branche begegnen uns aufwändig gestaltete Flyertexte, Editorials in Mitarbeiterzeitungen, erzählende Reportagen in Kundenzeitschriften – und eben auch Pressemitteilungen.

Es gibt unterschiedliche Ausprägungen von Pressemitteilungen, die jeweils verschiedenen journalistischen Textsorten nachempfunden sind. Die wichtigsten lernen Sie auf den folgenden Seiten kennen.

4.1 Die kurze Pressemitteilung als Nachricht

Wer eine kurze Pressemitteilung schreibt, der verfasst in der Regel eine Pressemitteilung in Form einer Nachricht. Die Nachricht – auch harte Nachricht oder Hard News – verkörpert im Journalismus am klarsten die Informationsfunktion der Medien und ist die am strengsten geregelte journalistische Textsorte. Nach dem Prinzip der abnehmenden Wichtigkeit teilt sie Sachverhalte und Ereignisse mit, ohne diese zu kommentieren oder explizit zu bewerten. So objektiv wie möglich nennt sie Fakten in einer sinnvollen Reihenfolge und in wenigen Zeilen.

Das Wichtigste an den Anfang
Verschiedene Begriffe bezeichnen den charakteristischen Textaufbau der Nachricht: Climax-First-Form, umgedrehte Pyramide, Top-Heavy-Form, Prinzip der abnehmenden Wichtigkeit. Das Wichtigste steht am Anfang, so fordert es das zentrale Schreibprinzip der Nachricht.

Abbildung 5 Textaufbau einer Nachricht als umgedrehte Pyramide und nach dem Prinzip der abnehmenden Wichtigkeit

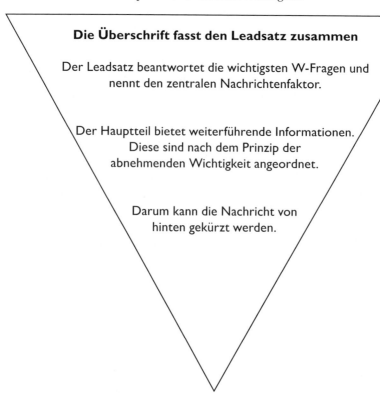

Bereits die Überschrift ist informativ, sachlich und vermittelt die zentrale Aussage der Nachricht. Der Leadsatz – der erste Satz – greift die Information aus der Überschrift auf und erweitert diese. Entsprechend dem Prinzip der abnehmenden Wichtigkeit findet der Leser bereits dort den Nachrichtenkern, also die Hauptaussage der Nachricht. Im Leadsatz findet sich der Nachrichtenfaktor das Neue und Besondere beziehungsweise das Außergewöhnliche und Unerwartete oder ein anderer Nachrichtenfaktor, der für den Leser interessant sein dürfte. Zudem werden im Leadsatz die relevanten W-Fragen beantwortet.

Der Hauptteil bietet zusätzliche Informationen nach dem Prinzip der abnehmenden Wichtigkeit. Zugleich gilt für sie ein Verknüpfungsprinzip:

eine gegebene Kerninformation wird ergänzt, erweitert, präzisiert. Der Verfasser gibt weiterführende Informationen, bis er glaubt, dem Leser alle relevanten Informationen gegeben zu haben. Hierbei stellt er Vermutungen darüber an, welche Fragen die Leser interessieren könnten und beantwortet sie. Dies muss er innerhalb der räumlichen Grenzen tun, die das Medium vorgibt, also in wenigen Zeilen. Eine Nachricht umfasst etwa 10 bis 30 Zeilen à 40 Anschläge oder 500 bis 1000 Zeichen.

Dieses Prinzip, dem Leser alle für das Verstehen des Textinhaltes relevanten Informationen zu geben, und der oft geringe Zeilenumfang führen dazu, dass Nachrichten bisweilen einen komprimierten, nominalisierten Stil aufweisen. Dieser erschwert manchmal die Lektüre und das Verstehen.

Die Nachricht ist also standardisiert verfasst, sie bezieht sich auf einen Sachverhalt und weist eine neutrale und sachliche Sprache auf. Sie schildert Vorgänge nicht detailliert in ihrem konkreten Ablauf, sondern komprimiert und versachlicht. Sie teilt Fakten mit und schildert keine Dynamiken.

Ergebnisorientiert informieren
Nachrichtliche Texte sind nie chronologisch aufgebaut, sondern stets bildet das Ergebnis eines Ereignisses oder das Ende einer Entwicklung den Einstieg in den Text. Erst danach folgen die Details sowie die Schilderung wesentlicher Etappen oder Aspekte, die zu dem geschilderten Ergebnis geführt haben. Dieser Aufbau ermöglicht eine schnelle Rezipierbarkeit des Textes – und bewirkt, dass er von hinten gekürzt werden kann.

Wenn Sie eine Pressemitteilung in Form einer Nachricht verfassen, dann sollten Sie diese Regeln beherzigen. Gleichwohl müssen Sie PR-Aussagen integrieren, damit Sie Ihr Kommunikationsziel erreichen, zum Beispiel die Vorzüge eines neuen Produktes loben, über einen wichtigen personellen Wechsel positiv berichten oder die Fakten des Geschäftsberichts informativ und strategisch geschickt präsentieren.

4.2 Ein Plädoyer für kurze Texte

Eine Beobachtung der vergangenen Jahre betrifft in starkem Maße die Pressemitteilung in Form einer Nachricht: Die Texte werden immer länger. Nur noch wenige Unternehmen oder Institutionen verfassen kurze

Pressemitteilungen in der vorgegebenen Textlänge. Die meisten sind länger als eine Nachricht, doch kürzer als ein Bericht. Mehr noch, einige Unternehmen und Institutionen verzichten mittlerweile auf Nachrichten und verfassen fast nur noch Berichte.

Der Trend zu langen Texten ist problematisch, da sich die PR-Branche von den Vorgaben im Journalismus entfernt: In allen Medien wurden die Texte und Beiträge in den letzten zwei Jahrzehnten deutlich kürzer, und die wenige Zeilen umfassende Nachricht spielt nach wie vor die zentrale Rolle in der Berichterstattung. So will es nicht einleuchten, warum Pressemitteilungen immer länger werden. Denn die Folge ist klar: Journalisten müssen solche Pressemitteilungen fast immer kürzen. Dies erfordert von ihnen Arbeit und kostet sie Zeit – und erhöht die Gefahr, dass ein Text unberücksichtigt bleibt. PR-Autoren laufen zudem Gefahr, dass Journalisten unliebsame Veränderungen oder gar unbeabsichtigte Fehler einbauen, die den Kommunikationsbestrebungen des Unternehmens zuwiderlaufen.

Deswegen sollten Sie auf jeden Fall auch kurze Pressemitteilungen in Form einer Nachricht mit der entsprechenden Textlänge verfassen; vor allem wenn das Thema nicht mehr Zeilen rechtfertigt. Einige Beispiele für Themen, die Sie sehr gut in einer Nachricht mitteilen können: Einladung zum Tag der offenen Tür, zu einer Vernissage oder zu einem Vortrag.

Ein weiteres Kriterium spricht dafür, dass Sie als PR-Autor kurze Pressemitteilungen verfassen sollten: Nachrichten in Medien können sogenannte Ein-Quellen-Texte sein. Aufgrund deren Kürze ist es Journalisten erlaubt, dass sie lediglich eine Position, Sichtweise oder Äußerung wiedergeben. So können Sie beispielsweise berichten, wie der Verband der Chemischen Industrie im Juli 2010 den Vorstoß des Bundesfinanzministeriums bewertet, den Spitzenausgleich bei der Ökosteuer einzuführen und dadurch höhere Energiesteuern zu verlangen. Fachzeitschriften können in kurzen Nachrichten auf neue Produkte eines Unternehmens hinweisen, ohne eine umfassende Gesamtübersicht über alle ähnlichen Produkte von anderen Anbietern geben zu müssen. Um ein weiteres Beispiel zu nennen: Lokalmedien informieren immer wieder über Auszeichnungen, die große Unternehmen und damit wichtige Arbeitgeber erhalten haben, seien dies nun Designpreise, ein Ökosiegel oder eine Zertifizierung.

Länger als früher und in Medien üblich ist oft der Vorspann. Die in den Zeitungen und Zeitschriften geltende Länge von maximal 15 Zeilen à 40 Anschläge wird nur in sehr wenigen Pressemitteilungen eingehalten. Nicht selten ist ein Vorspann doppelt so lang und damit oft sogar zu lang, um als Nachricht veröffentlicht zu werden. Damit verschenken Sie eine gute Möglichkeit, wie Sie Journalisten kurze Texte zum Veröffentlichen anbieten können und trotzdem die für Sie relevanten Informationen nicht allzu verkürzt wiedergeben müssen: Entsprechend dem Matroschka-Prinzip (s. Kap. 4.6) können Sie eine lange Pressemitteilung in Form eines Berichts mit einem Vorspann in Form einer Nachricht versehen – und so zwei Texte auf einmal versenden.

4.3 Die weiche Nachricht als Pressemitteilung

Wenn Journalisten von *der* Nachricht sprechen, meinen sie die harte Nachricht oder Hard News. Jedoch gibt es einen weiteren Nachrichtentyp: die weiche Nachricht oder Soft News. Sie wird immer explizit als solche bezeichnet. Ihre Textlänge umfasst ebenfalls etwa 10 bis 30 Zeilen à 40 Anschläge oder 500 bis 1000 Zeichen. Ansonsten unterscheidet sie sich von der harten Nachricht sehr. Sie will vor allem unterhalten – und eventuell auch informieren. Man sagt auch, sie erfüllt eine Unterhaltungsfunktion, die harte Nachricht dagegen eine Informationsfunktion. So bietet sie sich für bunte Themen an, Human-Touch-Geschichten oder emotionale Ereignisse, aber auch harte Themen können in einer weichen Nachricht mitgeteilt werden. Dies geschieht vor allem mittels eines lockeren Sprachstils.

Keine so strengen Regeln für den Textaufbau
Der Textaufbau der weichen Nachricht bietet mehr Variationsmöglichkeiten, da er nicht strikt vorgegeben ist. Das Prinzip der abnehmenden Wichtigkeit gilt nicht. Der Texteinstieg nennt nicht die wichtigste Information, sondern bietet häufig originelle Begebenheiten, markante Zitate oder unterhaltende Situationen.

Der Hauptteil des Textes weist ebenfalls Unterschiede zur harten Nachricht auf. So sind weiche Nachrichten oft temporal strukturiert. Sie schildern den zeitlichen Ablauf eines Ereignisses oder einzelner Episoden; dementsprechende Wörter finden sich dann: Zeitadverbialen (*vor drei Wochen, am 21. November*), Signale der Erzählfolge (*zunächst, daraufhin, schließlich*), Konjunktionen (*danach, nun*). Das Plusquamperfekt (Vorvergangenheit) und das Präteritum (Vergangenheit) wechseln sich ab. Der Autor nutzt verschiedene Erzähltechniken und Stilmittel, um einen unterhaltsamen Text zu präsentieren: Zeitraffung, Rückblenden, Ausblick auf Zukünftiges, Kontraste, Metaphern, Verfremdungen, Wortspiele, saloppe Formulierungen, direkte Rede (Zitate) oder Überraschungen.

Der Textausstieg ähnelt dem Texteinstieg. Zu lesen sind häufig die Schilderung einer besonderen Begebenheit, markante Zitate, humorvolle Aussagen oder Redewendungen. Oft bietet der Textausstieg eine Pointe und eine originelle Aussage, sodass die weiche Nachricht nicht von hinten gekürzt werden kann.

Einsatz in der PR
In der externen PR-Kommunikation spielt die weiche Nachricht keine so große Rolle wie die harte Nachricht. Pressemitteilungen sind relativ selten wie eine weiche Nachricht verfasst, da sie nie ausschließlich unterhalten, sondern stets informieren, wenn auch bisweilen mit unterhaltenden Stilelementen.

Bunt geschriebene Pressemitteilungen eignen sich aber beispielsweise für die Unterhaltungs- oder die Musikindustrie und die Spielwarenbranche. Auch in der Produkt-PR können weiche Nachrichten sinnvoll eingesetzt werden, um unterhaltsam oder emotionalisierend Produktinformationen zu vermitteln. Auch Non-Governmental Organizations (NGO), also ehrenamtlich tätige Nichtregierungsorganistionen wie Umweltschutzorganisationen oder soziale Einrichtungen, nutzen weiche Nachrichten, um Informationen über ihre Arbeit mit emotionalen Szenen anzureichern.

4.4 Die PR-Meldung und die Personalmeldung

Eng verwandt mit der Nachricht ist die Textsorte Meldung. Sie ist eine kurz gefasste Nachricht. Sie kann aus wenigen Sätzen oder sogar nur einem Satz bestehen. In der Regel umfasst eine Meldung etwa 3 bis 5 Zeilen à 40 Anschläge (circa 150 bis 200 Zeichen). Sie informiert oft ausschließlich über den Nachrichtenkern eines Sachverhalts. Ungeachtet ihrer Kürze nennt die Meldung also die relevanten Nachrichtenfaktoren und W-Fragen. Oft kann man aus einer Nachricht eine Meldung machen, indem man deren ersten Satz (Leadsatz) übernimmt und den restlichen Text kürzt.

Die Meldung präsentiert eine Sachverhaltsdarstellung: Der Leser erfährt, dass ein Ereignis stattgefunden hat oder stattfinden wird oder ein bestimmter Zustand eingetreten ist. Aufgrund ihrer Kürze bietet sie keine oder kaum thematische Entfaltung. Sie nennt Fakten, ordnet diese aber weder in einen größeren Zusammenhang ein, noch strebt sie eine umfassende Betrachtung an.

Ihr Sprachstil entspricht dem der Nachricht: Er ist sachlich, nicht kommentierend oder explizit wertend. Das Themenspektrum von Meldungen ist breit gefächert: Es reicht von politischen und kulturellen Sachverhalten über Service-Informationen bis zu Human-Touch-Geschichten. Alle Themen, die in einer Nachricht besprochen werden, können auch mittels einer Meldung wiedergegeben werden. Meldungen sind auch oft Terminankündigungen und informieren dann über ein bevorstehendes Ereignis, zu dem sie auch einladen können.

Es ist durchaus sinnvoll, Pressemitteilungen als Meldung zu versenden: Der Journalist erfährt in wenigen Zeilen Neues über ein Thema und findet vermutlich im Medium immer noch ein Plätzchen für diesen Informationshappen. Zudem haben viele Medien, vor allem Fachzeitschriften, Rubriken für Meldungen mit Titeln wie *Neues aus der Branche*, *Preise* oder *Personalia*.

Pressemitteilungen in Form von Meldungen zu versenden ist erforderlich bei aktuellen, unvorhergesehenen Ereignissen, die kurz vor Redaktionsschluss oder Sendetermin stattfinden und über die möglichst zeitnah in den Medien berichtet werden soll. Eine ausführliche Pressemitteilung mit 50 Zeilen oder mehr können Sie immer noch am nächsten Tag nachreichen, wenn Sie Zeit zum Recherchieren hatten. Denken Sie nur an überraschende Ereignisse wie einen Betriebsunfall, eine extreme Veränderung des Deutschen Aktienindexes (DAX) oder den Rücktritt eines Vorstands.

Die Personalmeldung
Eine Sonderform der Meldung, die in der PR häufig versandt wird, ist die Personalmeldung. Es handelt sich hierbei um eine kurz gefasste Mitteilung über personelle Veränderungen in zumeist leitenden Positionen. Die ausscheidende Person wird in der Regel nur kurz vorgestellt.

Ausführlicher informiert die Personalmeldung über den Nachfolger. Sie teilt sein Alter und seinen Beruf mit, zeichnet wichtige Stationen seines beruflichen Werdegangs nach und nennt bisherige Erfolge.
Die Personalmeldung muss nicht zwingend ein bis zwei Sätze kurz sein. Oft ist sie wie eine Nachricht geschrieben und zählt bis zu 30 Zeilen.

Abbildung 6 Möglicher Textaufbau einer Personalmeldung

Überschrift	Sie ist oft einzeilig und benennt entweder die Person oder den Wechsel in der Position. Wenn der Platz ausreicht, werden beide Informationen miteinander kombiniert.
Leadsatz	Er nennt den Namen und informiert über die neue Position im Unternehmen sowie über die Kompetenz der vorgestellten Person. Manchmal wird eine dieser Informationen verbunden mit einem Hinweis auf den Vorgänger. Der Leadsatz beantwortet die relevanten W-Fragen und kann als kurze Meldung alleine stehen.
Weitere Sätze	Bei einer Personalmeldung in Form einer Nachricht folgen weitere Sätze. Sie bieten weiterführende Informationen über die Position, die anstehenden Aufgaben oder die Person und seinen Vorgänger.
Ergänzungen	Nach dem Prinzip der abnehmenden Wichtigkeit werden weitere Details über die Person genannt. Oft finden sich Informationen über den beruflichen Werdegang, die von hinten her gekürzt werden können.

Dies kann für lokale Medien eine Mitteilung über den Wechsel an der Spitze der Stadtwerke oder in der kommunalen Bücherei sein. Konzerne informieren in Personalmeldungen über den Wechsel von Abteilungsleitern, vor allem wenn diese in der Öffentlichkeit wahrgenommen werden, wie etwa eine neue Chefin der Unternehmenskommunikation. Fachmedien interessieren sich vor allem für Personalmeldungen aus den Unternehmensbereichen, die einen Bezug zum eigenen Themenschwerpunkt haben.

4.5 Die lange Pressemitteilung in Form eines Berichts

Das Gros der Pressemitteilungen ist heute länger als eine Seite und ähnelt dem harten Bericht, auch Sachbericht genannt. Dieser hat – wie die harte Nachricht und die Meldung – eine Informationsfunktion. Sachlich, nicht explizit wertend berichtet er über einen Sachverhalt. Aufgabe des Verfassers ist es, den Nachrichtenkern mittels Nachrichtenfaktoren und W-Fragen zu ermitteln und die Kernaussagen dem Leser als solche mitzuteilen, indem er sie an den exponierten Textstellen wie der Überschrift und dem Vorspann platziert.

Der Bericht umfasst zumeist 50 bis 70 Zeilen à 40 Anschläge, also circa 2000 bis 2800 Zeichen. An dieser Länge sollten sich Pressemitteilungen orientieren. Sind sie erheblich länger, muss der Journalist sie oft kürzen. Dies kann dazu führen, dass er den Text womöglich unbearbeitet liegen lässt oder er vielleicht Aspekte entfernt, die das Unternehmen gerne kommuniziert hätte.

Harte Berichte können grundsätzlich alle Themen behandeln. Zumeist informieren sie über aktuelle, relevante Themen, zum Beispiel Änderungen in der Steuergesetzgebung, neue Tendenzen in der Bildungspolitik, die Umweltprobleme im Golf von Mexiko wegen des wochenlang undichten Bohrlochs des Öl- und Energieunternehmens BP oder kommunale Bauvorhaben, die Schließung eines Regionalkinos oder über Staus auf den Autobahnen infolge der Sommerferien.

Der Textaufbau
Die W-Fragen müssen nach dem Prinzip der abnehmenden Wichtigkeit beantwortet werden; im Unterschied zur Nachricht aber tiefer oder ausführlicher. Die wichtigsten Fakten werden genannt, erläutert und in einen größeren Zusammenhang eingebettet. Zusätzlich bietet der Bericht mehr Details als die Nachricht, zum Beispiel Hintergründe und Vorgeschichte, (mögliche) Folgen, eine Interpretation des Nachrichtenkerns, mehrere Perspektiven durch bewertende Zitate mehrerer Personen.

Ein Beispiel soll dies veranschaulichen: Wenn ein Lokaljournalist eine Nachricht über den Neubau einer Brücke verfasst, dann nennt er auf maximal 20 Zeilen die Eckdaten dieses Bauprojekts: den Baubeginn, die voraussichtlichen Kosten, die Größe der Brücke, mögliche Beeinträchtigungen für die Bürger während der Bauphase, wie lange sich der Entscheidungsprozess im Gemeinderat hingezogen hat. Im Bericht zum gleichen Thema wird der Journalist auf circa 60 bis 70 Zeilen ausführlicher: Er gliedert die Kosten womöglich auf und benennt die zu erwartenden Zuschüsse von Bund und Land. Er beschreibt ausführlich, wie die Brücke aussehen wird, wie viele Fahrbahnen sie hat oder architektonische Besonderheiten. Er diskutiert Vor- und Nachteile dieses Projekts, lässt hierzu verschiedene Parteien zu Wort kommen und blickt zurück auf die verschiedenen Phasen des Entscheidungsprozesses.

Die Überschrift des Berichts ist zumeist sachlich. Die Hauptzeile kann zudem ein Wortspiel oder eine Andeutung beinhalten, die in der Unterzeile dann mit sachlichen Worten erläutert wird.

Abbildung 7 Die Pressemitteilung in Form eines harten Berichts

Überschrift	**Kurze Dachzeile** **Fette Hauptzeile** **Kleine und fette Unterzeile/Sie kann aus zwei Teilen bestehen**
Vorspann	**Der Vorspann fasst die Hauptgedanken zusammen oder nennt den Hauptgedanken. Er ist meistens gefettet und sollte kurz sein; maximal 15 Zeilen à 40 Anschläge oder 10 Zeilen à 60 Anschläge.**
Absatz 1	Nach dem Prinzip der abnehmenden Wichtigkeit werden die verschiedenen Aspekte des Themas nacheinander abgehandelt.
Absatz 2	Jeder Absatz schildert einen neuen Aspekt des Themas.
Absatz 3	Bitte vergessen Sie nicht, Zitate einzubauen. Diese erhöhen die Attraktivität der Texte und erlauben es Ihnen, Repräsentanten des Unternehmens zu Wort kommen zu lassen.
...	...
Ausstieg	Da Pressemitteilungen oft gekürzt werden, sollten Sie das Prinzip der abnehmenden Wichtigkeit umsetzen und mit einem nicht so wichtigen Aspekt aussteigen. Dies ist zwar hinsichtlich der Textdramaturgie nicht so elegant, aber aus strategischen Gründen sinnvoll.

Der Bericht beginnt mit einem Vorspann, der zumeist die relevanten Nachrichtenfaktoren benennt, die wichtigsten W-Fragen beantwortet und auf jeden Fall einen hohen Leseanreiz bieten soll, weshalb er auch szenisch sein kann. Im Hauptteil entfaltet der Autor das Thema nach dem Prinzip der abnehmenden Wichtigkeit. Dieses Schreibprinzip bezieht sich auf die verschiedenen Absätze – und nicht auf die Reihenfolge der Sätze wie in der Nachricht. Die relevanten Aspekte werden in einer sinnvollen Logik in verschiedenen Absätzen aneinandergefügt. Zum Textende hin werden sie unwichtiger. Auch der Bericht ist wie die harte Nachricht nie chronologisch aufgebaut, sondern stets ergebnisorientiert.

Der Schluss nennt zum Beispiel einen nicht ganz so wichtigen Aspekt, kann eine Zusammenfassung sein oder in die Zukunft deuten, häufig mittels eines Zitats. Der Bericht kann oft von hinten gekürzt werden, aber nicht immer. Endet er beispielsweise mit einer Zukunftsprognose oder einem griffigen Zitat, sollte dieser Textausstieg nicht gestrichen werden.

Sachlich schreiben
Der Sprachstil des Berichts ähnelt dem der harten Nachricht. Er ist objektiv, der Sache angemessen verfasst und enthält sich expliziter Bewertungen und entsprechender Formulierungen. Bisweilen interpretiert der Bericht aber einen Sachverhalt, beschreibt verschiedene Positionen oder lässt Gegner ebenso wie Befürworter ihre Meinung in Zitaten äußern. Damit erfüllt er ein wichtiges Qualitätskriterium für Berichte: Sie sollen Mehrquellentexte sein, also verschiedene Sichtweisen aufzeigen und mehrere Personen zitieren.

Der Bericht weist viel mehr Zitate auf als die Nachricht; aufgrund seiner Textlänge kann er dies auch. Oft kommen sogenannte Vertreter sozialer Rollen zu Wort: Der Oberbürgermeister bewertet den Bau der neuen Brücke, der Bundestrainer interpretiert den Sieg gegen Uruguay bei der Weltmeisterschaft 2010, ein Unternehmenssprecher erläutert die Gründe für den Stellenabbau. Sie alle äußern sich entsprechend ihrer Rolle und geben eine offizielle Meinung wieder, die nicht ihrer persönlichen entsprechen muss. Anders verhält es sich bei Zitaten von sogenannten Betroffenen. Dies sind Menschen wie du und ich, die ihre Meinung oder Interpretation frei und unabhängig von unternehmerischen Zwängen äußern können.

Häufige Textsorte
Der Bericht ist eine Textsorte, die sich als Vorlage für Pressemitteilungen sehr gut eignet. Es gibt kein Thema und keinen Berichtsanlass, den ein

Unternehmen oder eine Institution nicht mittels einer Pressemitteilung in Form eines Berichts mitteilen kann. Zudem können alle Branchen mit dieser Art von Pressemitteilungen sehr gut arbeiten, was sie auch tun. Banken, Industriekonzerne, mittelständische Unternehmen, Forschungseinrichtungen, Kulturinstitutionen, Rathäuser – sie alle versenden Pressemitteilungen in Form eines Berichts.

4.6 Strategien: Matroschka-Prinzip und modularer Stil

Das zentrale Merkmal der Kommunikationssituation von Pressemitteilungen ist: Journalisten überarbeiten und kürzen fast immer diese Texte. Wie sie dies tun, das kann der PR-Autor nicht beeinflussen, muss es jedoch beim Verfassen seines Textes berücksichtigen.

Darum sollten Sie Ihre Pressemitteilung stets nach dem Prinzip der abnehmenden Wichtigkeit aufbauen, sodass jeder Absatz von hinten her gekürzt werden kann, ohne dass der verbleibende Rest des Textes unverständlich wird. Dies erlaubt Journalisten ein sehr schnelles Überarbeiten und Kürzen des Textes. Für Sie erhöht es die Chance, dass die für Sie und Ihr Unternehmen wichtigen Aspekte von den Medien transportiert werden.

Da Pressemitteilungen häufig gekürzt werden, ist das sogenannte Matroschka-Prinzip zu empfehlen, wie ich diese Schreibstrategie nenne. Sie sollten einen summarischen Vorspann (s. Kap.6. 2) verfassen, der die zentralen Aspekte des Textes nach dem Prinzip der abnehmenden Wichtigkeit aufgreift. Dann entspricht der summarische Vorspann der harten Nachricht. Dies bietet Ihnen einen entscheidenden Vorteil: Sie versenden zwar nur eine Pressemitteilung, aber quasi zwei Texte. Die kleine Nachricht steckt als Vorspann im langen Bericht, so wie bei der russischen Puppe die kleine jeweils in der größeren steckt. Selbst wenn der Journalist alles bis auf den Vorspann streicht, haben Sie die zentralen PR-Aussagen veröffentlicht; zwar nur als Nachricht und nicht als Bericht, aber dies ist doch besser als gar nicht.

Textsorten für Pressemitteilungen

Abbildung 8 Eine Pressemitteilung als Bericht nach dem Matroschka-Prinzip

Bericht	⇒	Nachricht
Kurze Dachzeile **Fette Hauptzeile** **Kleine und fette Unterzeile/Sie kann aus zwei Teilen bestehen**	Überschrift	**Überschrift der Nachricht** Der Journalist kann sich von den Formulierungsvorschlägen bedienen, wenn er aus dem Bericht eine Nachricht macht.
Der summarische Vorspann fasst die Hauptgedanken zusammen oder nennt den Hauptgedanken und ergänzt Details nach dem Prinzip der abnehmenden Wichtigkeit.	Vorspann = Nachricht	Nachricht bestehend aus Leadsatz und Ergänzungen entsprechend dem Prinzip der abnehmenden Wichtigkeit.

Absatz Absatz Absatz Absatz
Absatz Absatz Absatz Absatz
Absatz Absatz Absatz Absatz
Absatz Absatz.

Absatz Absatz Absatz Absatz
Absatz Absatz Absatz Absatz
Absatz Absatz Absatz Absatz.

Zwischenüberschrift

Absatz Absatz Absatz Absatz
Absatz Absatz Absatz Absatz
Absatz Absatz Absatz Absatz
Absatz Absatz Absatz

...

Ferner empfiehlt sich ein modularer Schreibstil. Dies ist ein Textaufbau, der verschiedene Absätze ohne Überleitungen aneinanderreiht, sodass der Text nicht rudimentär oder lückenhaft wirkt, wenn ein Absatz entfernt wird. So muss der verbleibende Text auch nicht redigiert werden, zum Beispiel damit die Anschlüsse zwischen den neuen Folgeabsätzen stimmen. Einen modularen Aufbau von Texten findet man auch in Flyern oder Foldern, die nicht als fortlaufendes Buch konzipiert sind, sondern bei denen der Leser oft nur einzelne Seiten liest, die darum aus sich heraus und auch alleine gelesen verständlich sein müssen. Das modulare Schreibprinzip wird ferner in Onlinemedien umgesetzt, in denen oft einzelne Informationshappen – sogenannte Textmodule – in einem Hypertext mittels Links miteinander verbunden sind, die aber jeder für sich alleine gelesen werden können.

Wer Pressemitteilungen modular schreibt, verzichtet auf Überleitungen zwischen Absätzen, also zum Beispiel auf Wörter wie *dann, danach* oder *folglich*. Er schreibt in sich geschlossene Absätze, die jeweils einen eigenen Aspekt beschreiben, und reiht sie unverbunden aneinander. Was bei Schulaufsätzen als schlechter Erzählstil mit schlechten Noten geahndet wird, ergibt bei Pressemitteilungen hingegen einen Sinn.

4.7 Die Pressemitteilung in Form des bunten Berichts

So wie es die Nachricht in einer weichen und einer harten Variante gibt, so existiert neben dem oben beschriebenen harten Bericht oder Sachbericht auch der sogenannte bunte Bericht. Dies ist kein eingeführter Terminus und hat bislang keinen Einzug in die medienwissenschaftliche Literatur gefunden. Aber er findet sich im journalistischen Sprachgebrauch in einigen Redaktionen, zusammen mit anderen Bezeichnungen wie *bunt geschriebener Bericht, angefeaturter Bericht* oder *Bericht mit Feature-Elementen*; bisweilen wird er sogar als Feature bezeichnet.

Der bunte Bericht kann aktuell sein, muss es aber nicht. So bietet er sich an für Themen, die interessant, unterhaltsam oder kurzweilig sind, aber nicht zwingend einen aktuellen Nachrichtenkern haben müssen, zum Beispiel Stadtfeste und Musikevents oder interessante Hobbys und wiederkehrende Sachverhalte.

Sein Aufbauprinzip ähnelt dem harten Bericht, aber in ihm werden die Regeln viel lockerer umgesetzt. So muss der Vorspann keineswegs summarisch nach dem Prinzip der abnehmenden Wichtigkeit verfasst sein, sondern ist oft unterhaltend und atmosphärisch geschrieben oder beginnt mit einem originellen Zitat. Die freiere Gestaltung zieht sich durch den gesamten Text. Unterhaltung und Information vermischen sich, oder Informationspassagen sind in einem lockeren Stil geschrieben. Die Wortwahl muss nicht zwingend neutral sein, lockere Formulierungen und Metaphern sind ebenso zu finden wie bunte Zitate. Der Schluss bietet oft eine Pointe, einen originellen Aspekt oder ein pfiffiges Zitat. Je bunter der Ausstieg ist, umso schlechter lässt sich der Text von hinten kürzen.

Für Pressemitteilungen eignet sich der bunte Bericht nicht immer. Ungeeignet ist er für die Konfliktkommunikation, zum Beispiel Entlassungen, Beschuldigungen, juristische Verfahren. Auch über wichtige, ernste Sachverhalte informieren Sie besser in einem harten Bericht, zum Beispiel den Vierteljahresbericht, den Neubau eines Werks in Spanien oder Änderungen in der strategischen Ausrichtung eines Unternehmens.

Hingegen eignen sich Pressemitteilungen in Form eines bunten Berichts für emotionale Themen, zum Beispiel wenn NGOs über Hilfsprojekte und die Verwendung von Spendengeldern anschaulich berichten, eine Kulturorganisation zu einer Veranstaltung wie einem Rockfestival oder einem Musical einlädt oder eine Bürgerinitiative für sich werben will, wie es im folgenden Beispiel der Fall ist. Von der Einstiegsszene ausgehend, die das Engagement junger Menschen gegen eine geplante ICE-Trasse der Deutschen Bahn AG beschreibt, schildert der bunte Bericht, wie das Protestlied entstanden ist, wer es singt und wann es eingesetzt wird. Zweifellos ergänzt diese Pressemitteilung über das Protestlied die eigentliche Berichterstattung über das Engagement der Bürgerinitiative.

Ein Song gegen Zerstörung und Lärmbelastung
Musiklehrer und zwei junge Neuschlosserinnen kreieren für die Bürgerinitiative Lampertheim ein Protestlied
„Den Refrain noch einmal", sagt Stefan Spiesberger. Er setzt sich ans Keyboard, zeigt auf die Noten und gibt den beiden Mädchen das Zeichen zum Einsatz. „ICE bleib weg von hier, ICE nerv uns nicht an", singen Julia und Maike ins Mikrofon. Voller Inbrunst, mit ihrer Mimik die Worte unterstreichend.
(Bürgerinitiative Lampertheim, 18.7.2010)

4.8 Das Feature

Eine relativ junge Textsorte im deutschen Journalismus ist das Feature. Erst seit den Neunzigerjahren wird es in Printmedien verwendet. Da die Textsorten und ihre Regeln im beruflichen Alltag und nicht in Lehrbüchern entstehen, dauert es stets einige Zeit, bis sich für eine neue Textsorte Schreibnormen etabliert haben, die auch gelehrt werden können. Dies gilt auch für das Feature und erklärt, warum es mehrere Definitionen gibt. Etliche Journalisten verstehen unter dem Feature etwa das, was andere als bunten Bericht bezeichnen. Sinnvoller erscheint es, das Feature als eigene, zusätzliche Textsorte zu begreifen.

Sein charakteristisches Merkmal: Es beschreibt eine Situation oder eine gesellschaftliche Tendenz am Beispiel einer Person. Dieser Mensch ist im Feature nicht individuell oder einzigartig wie in der Reportage. Vielmehr ist er ein exemplarischer Vertreter einer sozialen Rolle, zum Beispiel der typische alleinerziehende Vater, die ehrgeizige BWL-Studentin von heute oder der typische Aussteiger. So bleiben die Personen im Feature gesichtslos, da austauschbar. Es ist egal, ob Sabine aus Hamburg oder Petra aus Schwerin exemplarisch präsentiert wird, um zu zeigen, dass immer mehr junge Frauen den Weg in die berufliche Selbstständigkeit wählen. Die Personen dienen lediglich als dramaturgisches Mittel, um Informationen zu personalisieren und sie so anschaulich und unterhaltsam darzubieten.

Ansonsten mischt das Feature – ebenso wie der bunte Bericht – Information und Unterhaltung. Es berichtet über Tatsachen und Sachverhalte, präsentiert sie aber anschaulich und konkret an einem Fallbeispiel, bietet Human-Interest-Aspekte und szenische Schilderungen, ist angereichert mit informativen und bunten Zitaten. Stilistisch wechseln sich sachliche, nachrichtliche Absätze mit unterhaltenden, locker geschriebenen Passagen ab.

Das Feature benötigt nicht unbedingt einen aktuellen Anlass. Es kann ein schon länger bekanntes, aber immer noch relevantes Thema aufgreifen und es in einer neuen Perspektive darbieten, indem es das Thema am exemplarischen Einzelfall sowohl emotionalisiert als auch mit vielen Fakten schildert.

Nicht immer zu verwenden
Auch wenn das Feature nicht die klassische Pressemitteilung ist, so kann es doch als solche eingesetzt werden. Zum Beispiel möchte ein Unternehmen ein Thema in der Presse platzieren, obwohl es nicht neu ist, zum Beispiel ein Produkt, das schon einige Zeit auf dem Markt ist. Dann kann es das Feature verwenden, um mittels eines exemplarischen Beispiels das Thema aus einer neuen oder persönlichen Perspektive zu präsentieren. Auch in der Produkt-PR lässt sich das Feature einsetzen. Ein exempla-

rischer Anwender kann beschreiben, wie er ein Produkt einsetzt oder welche positiven Erfahrungen er gesammelt hat. PR-Autoren verfassen hin und wieder auch ein Feature exklusiv für eine Fachzeitschrift nach Absprache mit der Redaktion. Es gibt verschiedene Möglichkeiten, wie Sie ein Feature planen und aufbauen können:

Abbildung 9 Feature mit großem Informationsblock

Überschrift	Entweder hart und sachlich oder eine Mischung aus Information und Unterhaltung, zum Beispiel ist die Hauptzeile bunt und die Unterzeile sachlich geschrieben.
Vorspann	Bunter, szenischer Einstieg schildert eine Situation oder eine Person. So führt man anschaulich in das Thema ein.
Absatz 1	Fakten
Absatz 2	Fakten
...	
Ausstieg Variante 1:	Der Text endet mit der Schilderung von Fakten, einer Zusammenfassung oder einem Ausblick.
Ausstieg Variante 2:	Die Geschichte wird „rund gemacht", indem Sie die Situation des Einstiegs aufgreifen und mit ihr aussteigen.

Abbildung 10 Informationsblöcke und bunte Passagen wechseln sich ab

Überschrift	Entweder hart und sachlich oder eine Mischung aus Information und Unterhaltung, zum Beispiel ist die Hauptzeile bunt und die Unterzeile sachlich geschrieben.
Vorspann	Bunter, szenischer Einstieg schildert eine Situation oder eine Person. So führt man anschaulich in das Thema ein.
Absatz 1	Fakten
Absatz 2	Bunte Aspekte, zum Beispiel wird die Situation des Einstiegs fortentwickelt oder es werden neue Fallbeispiele geschildert.
Absatz 3	Fakten
Absatz 4	Bunte Aspekte, zum Beispiel wird die Situation des Einstiegs fortentwickelt oder es werden neue Fallbeispiele geschildert.
...	
Ausstieg	Die Geschichte wird „rund gemacht", indem Sie die Situation des Einstiegs aufgreifen und mit ihr aussteigen.

Abbildung 11 Informationen und bunte Elemente werden gemischt

Überschrift	Entweder hart und sachlich oder eine Mischung aus Information und Unterhaltung, zum Beispiel ist die Hauptzeile bunt und die Unterzeile sachlich geschrieben.
Vorspann	Bunter, szenischer Einstieg schildert eine Situation oder eine Person. So führt man anschaulich in das Thema ein.
Absatz 1	Fakten und bunte, erzählende Elemente werden gemischt.
Absatz 2	Fakten und bunte, erzählende Elemente werden gemischt.
Absatz 3	Fakten und bunte, erzählende Elemente werden gemischt.
Absatz 4	Fakten und bunte, erzählende Elemente werden gemischt.
...	
Ausstieg	Die Geschichte wird „rund gemacht", indem Sie die Situation des Einstiegs aufgreifen und mit ihr aussteigen.

4.9 Ungeeignete Textsorten und Themen

Es gibt eine Vielzahl weiterer journalistischer Textsorten. Diese werden nicht ausführlich besprochen, da sie für eine Pressemitteilung ungeeignet sind oder nur in besonderen Fällen eingesetzt werden, zum Beispiel als Ergänzung zu einer Pressemitteilung oder wenn eine Fachzeitschrift einen Text möchte, der aber nicht an alle Medien geht.

Die subjektiven Textsorten Reportage und Porträt
Dies gilt zum Beispiel für die bunt geschriebene, subjektiv erzählende Reportage, die sich aber gleichwohl in Kundenzeitschriften findet. Sie schildert interessante Sportaktivitäten, Hobbys oder Reisen – stets passend zu den Interessen der Zielgruppe. In der Mitarbeiterzeitung beschreibt sie oft die Hobbys von Mitarbeitern, den Bau einer neuer Werkshalle, die Vorbereitung eines Großereignisses wie der Bilanzpressekonferenz oder einem Firmen-Fußballmatch.

Das mit der Reportage verwandte Personenporträt eignet sich ebenfalls sehr gut für die Mitarbeiterzeitung. Der neue Firmenchef, der Azubi mit dem besten Prüfungsergebnis, ein Mitarbeiter mit einem originellen Hobby, der Sieger des Wettbewerbs im Betrieblichen Vorschlagswesen – sie alle können in einer Mitarbeiterzeitung in einem Porträt vorgestellt werden. Je nach Konzeption finden sich Porträts auch in Kundenzeitschriften. In ihnen werden aber fast nie normale Mitarbeiter und auch nur selten eine führende Persönlichkeit des Unternehmens vorgestellt. Stattdessen haben viele Kundenzeitschriften in den vergangenen Jahren den Unterhaltungsteil ausgebaut und porträtieren vor allem Persönlichkeiten des öffentlichen Lebens, zum Beispiel Sportler, Schauspieler, Künstler oder Politiker, die zur Zielgruppe des Unternehmens und der Produkte passen. Auch für Broschüren können Porträts verfasst werden, zum Beispiel wird anlässlich eines Jubiläums der Firmengründer vorgestellt.

Das Unternehmensporträt kann als Anhang eine Pressemitteilung ergänzen, wird aber selten als eigene Pressemitteilung versandt. Oft wird es auch Pressemappen beigelegt oder auf der eigenen Homepage findet es sich als Selbstdarstellung des Unternehmens, oft unter den Buttons *Wir über uns* oder *Unternehmen*.

Das Interview
Das Interview – sei es als informierendes Sachinterview oder als wertendes Meinungsinterview – bietet sich ebenfalls für die Mitarbeiterzeitung an. Azubis, Mitarbeiter, Personen der Führungsebene – sie alle können in Interviews über Themen wie Änderungen in der Ausbildung, Praktikum im spanischen Werk, Verbesserungsideen oder neue konzeptionelle Ausrichtung des Unternehmens zu Wort kommen. Auch in der Kundenzeitschrift lässt sich gut mit dem Interview arbeiten; fast alle Themen können statt in einem Bericht zur Abwechslung auch als Interview aufbereitet werden.

Die wertenden Textsorten Kommentar und Glosse
Sehr selten in der PR wird ein Kommentar verfasst. Diese bewertende, argumentative Textsorte ist weitgehend den Journalisten vorbehalten. Was PR-Autoren hingegen verwenden sind Stellungnahmen. Dies sind kurze, pointierte Präsentationen der eigenen Sichtweise. Sie spielen vor allem eine Rolle in Konfliktsituationen, wenn ein Unternehmen öffentlich kritisiert oder ein Thema kontrovers diskutiert wird, von dem ein Unternehmen betroffen ist. Stellungnahmen gibt es häufig in der Politik-PR oder in der Verbands-PR.

Die witzige, ironisierende Glosse ist als Pressemitteilung völlig ungeeignet und findet sich in der PR-Branche sehr selten. Nur vereinzelt wird sie in Mitarbeiterzeitungen eingesetzt, zum Beispiel um sich humorvoll über Ereignisse lustig zu machen. Jedoch sind dies nie für das Unternehmen zentrale Sachverhalte – so gibt es keine Glossen über die neue strategische Ausrichtung des Konzerns oder die Produktionsverlagerung nach Asien. Themen für Glossen können hingegen sein, wie sich das WM-Fieber in der Werkshalle bemerkbar macht oder wie eifrig Mitarbeiter für den Firmen-Marathon geübt haben.

5 Die Überschrift

Die Überschrift ist ein wichtiges Element der Pressemitteilung. Gewinnt der Journalist doch dank ihr einen ersten Eindruck von Text und Thema. Anhand der Überschrift entscheidet er, ob er die Pressemitteilung liest und eventuell veröffentlicht – oder ob er sie ignoriert. Dasselbe gilt für die Leser einer Zeitung oder Zeitschrift, wenn die Pressemitteilung erst einmal veröffentlicht wurde. Darum tun Sie als PR-Autor gut daran, sich intensiv mit diesen wenigen Wörtern zu beschäftigen, die die Überschrift formen. Informationen und Anregungen dazu finden Sie auf den folgenden Seiten. Hierbei wurden die Regeln zugrunde gelegt, die für journalistische Überschriften gelten, jedoch wurden sie hinsichtlich der PR-Strategien abgeändert, die Sie in den Überschriften von Pressemitteilungen umsetzen sollen.

5.1 Formale Vorgaben

Für alle Verlage gilt: Redaktionen ändern die Überschriften von Pressemitteilungen fast immer. Dies spricht nicht gegen die Qualität der PR-Überschriften, sondern hat seinen Grund in den strikten Layoutvorgaben des jeweiligen Mediums. Diese regeln genau, aus welchen Zeilen eine Überschrift besteht und wie viele Anschläge die Hauptzeile und die Dach- oder Unterzeile maximal haben dürfen. Ferner müssen Journalisten dafür Sorge tragen, dass nicht nur eine einzelne Überschrift attraktiv ist, sondern auch die Gesamtheit aller Überschriften ihrer Zeitung oder Zeitschrift zueinander passen. Trotzdem sollten Sie Ihre Pressemitteilungen mit Überschriften versehen. Schließlich wollen Sie ja den Journalisten als Leser gewinnen. Zudem bieten Sie ihm so verschiedene Formulierungsideen an, die Ihrer PR-Strategie und Ihrer Kommunikationsabsicht entsprechen. Oft übernehmen Journalisten Formulierungsideen – und Sie haben dann trotz aller Änderungen zentrale Begriffe oder Inhalte dem Leser mitgeteilt. Die Überschriften von langen Pressemitteilungen können aus verschiedenen Zeilen bestehen:

Abbildung 12 Die verschiedenen Zeilen einer Überschrift

Dachzeile	Bilanzpressekonferenz
Hauptzeile/Head	**Sehr gutes Ergebnis trotz schwieriger Zeiten**
Unterzeile/Subhead	**Müllers Mühlen GmbH erhöhte Umsatz auf 13 Mio Euro**

Diese Zeilen haben verschiedene Merkmale und Funktionen: Die Dachzeile kann der Größe der Lettern im Fließtext entsprechen, doch sollte sie optisch hervorgehoben sein, zum Beispiel durch fette Lettern. Sie fungiert zumeist als Stichwortgeber und benennt – oft in einem Wort – das Thema des Textes oder die Rubrik, in die sich der Text einordnen lässt.

Die Hauptzeile ist stets optisch hervorgehoben. Mit fetten, großen Lettern zieht sie die Aufmerksamkeit auf sich und benennt den zentralen Aspekt des kommenden Textes, von dem der Autor zudem erwartet, dass er für den Leser interessant ist.

Die Unterzeile ähnelt optisch der Dachzeile. Ihre Lettern sind etwa gleich groß wie der Fließtext, oft sind sie gefettet und so optisch hervorgehoben. Sie ist erheblich länger als die Dachzeile und oft auch als die Hauptzeile. Bisweilen greift sie mehrere Gedanken auf, die mittels Querstich voneinander getrennt werden. Sie spielt eine wichtige Rolle für die Verständnissicherung der Überschrift, denn die Hauptzeile kann aufgrund der Kürze diese oft nicht leisten; dann ergänzt und detailliert die Unterzeile den Gedanken der Hauptzeile.

Ausstellungen auf und unter der Erde
In Polens Kulturmetropole Krakau werden neue Museen eröffnet
(Presseinformationen des Polnischen Fremdenverkehrsamtes Nr. 10/2010)

„Von sonnig bis heiß"
OTTO startet mit integrierter Kampagne in den Mode-Sommer
(Pressemitteilung, Otto, 27.4.2010)

In journalistischen Medien muss jede Überschrift eine Hauptzeile aufweisen, Dach- und Unterzeile sind hingegen fakultativ. Die meisten Überschriften in Zeitungen oder Zeitschriften haben zwei Zeilen. Dreizeilige Überschriften sind heute nur noch selten in Medien zu finden.

Die Überschrift

Anders sollten Sie beim Verfassen Ihrer Pressemitteilungen verfahren. Formulieren Sie ruhig dreizeilige Überschriften. Je umfangreicher die PR-Überschrift ist, umso größer ist der Pool an Wörtern und Formulierungen, aus denen der Journalist beim Suchen nach einer eigenen Überschrift schöpfen kann. Zudem versenden Sie Ihre Pressemitteilungen zumeist an verschiedene Medien gleichzeitig. Diese Mehrfachadressierung verlangt ebenfalls nach mehreren Überschriftenzeilen mit verschiedenen Formulierungen.

Einige Pressestellen haben die Unterzeilen der Überschrift so stark ausgebaut, dass sie an ein Inhaltsverzeichnis erinnern. Vor allem Konzerne nutzen für Finanzinformationen der Investor Relations diese Möglichkeit, Journalisten vor dem Lesen der mehrere Seiten umfassenden Pressemitteilung vorab über die wichtigsten Aspekte zu unterrichten.

Abbildung 13 Überschrift mit Inhaltsverzeichnis als Unterzeilen

---

Dachzeile
Hauptzeile

- Erster zentraler Aspekt des Textes
- Zweiter zentraler Aspekt des Textes
- Dritter zentraler Aspekt des Textes

Vorspann Vorspann Vorspann Vorspann Vorspann Vorspann Vorspann Vorspann Vorspann Vorspann Vorspann Vorspann Vorspann Vorspann Vorspann.

Absatz Absatz.

Zwischenüberschrift = Erster zentraler Aspekt des Textes
Absatz Absatz.
...

Bei den kurzen Textsorten Meldung oder Nachricht formulieren die Medien fast ausschließlich einzeilige Überschriften, deren Lettern nur wenig größer sind als die des Fließtextes. Jedoch sollten PR-Autoren einen anderen Weg einschlagen: Versehen Sie kurze Pressemitteilungen mit mehrzeiligen Überschriften, damit Journalisten auch bei diesen kurzen Texten aus verschiedenen Formulierungsvarianten auswählen können.

5.2 Funktionen und Besonderheiten

Die Überschrift in den Medien soll verschiedene Funktionen erfüllen: Anreiz zum Lesen bieten, den relevanten Nachrichtenfaktor und den Hauptaspekt des Textes nennen, informativ sein, das Thema und die Aussage des Textes ankündigen, denselben Sprachstil wie der Text aufweisen, zur Textsorte und zum Text passen, inhaltlich korrekt und verständlich sein – und all dies in wenigen Worten. Es ist also alles andere als einfach, eine gute Überschrift zu formulieren.

Für Überschriften in Pressemitteilungen gelten nicht alle diese Funktionen in gleichem Maße, richten sie sich doch zunächst an Journalisten als „Gatekeeper" und kündigen vornehmlich informierende Texte an, die jedoch nach PR-strategischen Aspekten formuliert sind. Empfehlenswert ist, dass Sie sich an den journalistischen Vorgaben für die Textsorten Meldung, Nachricht und Bericht orientieren: Demzufolge sollten Ihre Überschriften kurz, prägnant, verständlich sowie informativ sein und die Hauptaussage oder die Hauptaussagen der Pressemitteilung nennen. Einige Beispiele:

Stellungnahme der EKD zum BGH-Urteil zur Sterbehilfe
Stärkung des Patientenwillens und größere Rechtssicherheit für Ärzte und Angehörige
(25. Juni 2010, EKD)
(Wie die Überschrift ankündigt, teilt die Evangelische Kirche Deutschland in dieser Pressemitteilung ihre Position zum Urteil des BGH zur Sterbehife mit.)

Internationales Messdienertreffen im Vatikan hat begonnen
(2.8.2010, KNA, www.katholisch.de)
(In der Pressemitteilung informiert die Katholische Kirche über das Treffen der Messdiener in Rom.)

Die Überschrift

100.000 Schüler finden Ernährungswettbewerb für Grundschulklassen klasse
Hamburg führt Ranking an/Über 1.000 Klassen aus NRW
(April 2010, Nestlé Deutschland AG)
(In dieser Pressemitteilung berichtet das Unternehmen Nestlé AG über eine erfolgreiche Aktion.)

Nicht orientieren sollten Sie sich an den Überschriften unterhaltender und wertender Textsorten wie Reportage, Kommentar oder Glosse. Die dort verwendeten Stilmittel wie originelle Metaphern, Wortspiele, Verfremdungen, kreative Wortbildungen oder Alliterationen sind ungeeignet für das Gros der Pressemitteilungen.

Die Überschrift der Pressemitteilung soll die zentrale Aussage des Textes nennen. Diese Forderung gilt auch für den Leadsatz und Vorspann. So kommt es zwischen diesen Textpassagen zu inhaltlichen Redundanzen oder Wortwiederholungen der Schlüsselbegriffe. Trotzdem wäre es falsch, die zentrale Aussage lediglich in der Überschrift zu formulieren und im Vorspann andere Aspekte auszuführen. Relevante Informationen würden dann im Text der Nachricht oder Bericht fehlen und Unverständlichkeit verursachen. Falls der Journalist die Überschrift ändert, könnte die zentrale Aussage sogar ganz fehlen. Die Problematik der Wiederholung gilt abgeschwächt auch für den restlichen Text: Was die Überschrift stark verkürzt darstellt, führt der Leadsatz oder Vorspann etwas detaillierter aus und im fortlaufenden Text werden alle Aspekte, Erklärungen, Hintergründe geschildert.

Die Lösung: Vermeiden Sie Wortwiederholungen zwischen Überschrift und Leadsatz beziehungsweise Vorspann. Formulieren Sie die zentrale Aussage in beiden Passagen, aber sprachlich unterschiedlich. Müssen Sie die Schlüsselbegriffe wiederholen, dann achten Sie bitte darauf, dass Sie dies nicht zu oft tun. Vor allem bezogen auf den gesamten Text sollten Sie darauf achten. Im folgenden Beispiel finden Sie in Überschrift und Vorspann verschiedene Verben (*stärkt, wird unterstützen*) sowie unterschiedliche Referenzbezeichnungen (*BMBF* und *Bundesministerium für Bildung und Forschung; deutsch-französischen Hochschulbeziehungen* und *Deutsch-Französische Hochschule (DFH)* sowie *DFH*).

BMBF stärkt die deutsch-französischen Hochschulbeziehungen
Das Bundesministerium für Bildung und Forschung wird die Deutsch-Französische Hochschule (DFH) mit einer Zwischenfinanzierung in Höhe von 500.000 € für 2010 unterstützen. Diese Entscheidung erfolgte im Hinblick auf die deutsch-französische Agenda 2020, die einen wesentlichen Ausbau der DFH vorsieht.
(kooperation-international, 17.08.10.)

Wie bei allen Texten, so ist es auch bei Pressemitteilungen sehr wichtig, die Zielgruppe beim Schreiben im Auge zu behalten. Darum sollte die Überschrift einer Pressemitteilung trotz der geforderten Kürze so konkret und zielgruppenadäquat wie möglich formuliert sein. Der Journalist soll sofort erkennen, welche Zielgruppe sich für den Text interessieren könnte. Im folgenden Beispiel leisten dies die Schlüsselwörter *Girls' Day* und *junge Frauen*.

Girls´ Day: Ingenieure stehen jungen Frauen Rede und Antwort

Eine Gefahr bergen die Überschriften von Pressemitteilungen: Bisweilen werden sie zu positiv oder gar zu werblich formuliert. PR-Autoren tun dies wohl in der Hoffnung, so die Aufmerksamkeit der Journalisten zu wecken und ihr Unternehmen beziehungsweise den geschilderten Sachverhalt positiv darzustellen. Negative Beispiele sind Formulierungen, wie *Weltneuheit von Schulz-Metallbau* oder *Neueste Produkte mit vielen Highlights*.

Schließlich habe PR ja die Aufgabe, gute Nachrichten zu verbreiten, ist wohl die Überzeugung, die hinter solchen Formulierungen steht. Hier ist aber Vorsicht geboten: Übertriebene, zu positive Überschriften haben in vielen Medien keine Chance veröffentlicht zu werden, da sie dem kritischen Anspruch der Journalisten zuwider laufen. Gewinnt ein Redakteur den Eindruck der Schönfärberei oder gar der Falschdarstellung, dann schaden solche Texte zudem der Glaubwürdigkeit des Unternehmens.

Die Überschrift 75

5.3 Stilistische Merkmale der Überschrift

Überschriften von Pressemitteilungen weisen einige stilistische Besonderheiten und Freiheiten auf. Diese sind aber nicht so umfassend wie in journalistischen Überschriften. Darum werden in diesem Buch nur die Merkmale aufgeführt, die sich in Überschriften von Pressemitteilungen finden.

Der Telegrammstil
Das wichtigste Merkmal der Überschrift ist ihr Telegrammstil, auch elliptischer Satzbau genannt. Überschriften bestehen also nicht aus vollständigen Sätzen, sondern es fehlen Elemente. Es ist aber erforderlich, dass der Leser die fehlenden Satzelemente eindeutig und schnell ergänzen und so den Satz im Kopf vervollständigen kann. In den folgenden Beispielen fehlen Satzteile, zum Beispiel

der bestimmte Artikel,

> Talsohle ist durchschritten (Hauptzeile: Der bestimmt Artikel *die* fehlt.)

> Tourismuswirtschaft verzeichnet wieder mehr Buchungen (Unterzeile: Der bestimmte Artikel *die* fehlt.)

der unbestimmte Artikel,

> Gemeinden fordern Änderung der Gewerbesteuer (Der unbestimmte Artikel *eine* fehlt.)

inhaltlich konkrete oder vollständige Aussagen:

> Schüler erhalten Tipps rund ums Sparen
> (Gemeint sind nicht alle Schüler, sondern nur die Schüler einer bestimmten Schule. Die vollständige Information müsste lauten: Schüler des Helmholtz-Gymnasiums erhalten Tipps rund ums Sparen)

das Possessivpronomen,

> Stadt XX feiert Jubiläum mit viel Kultur (Possessivpronomen *ihr* fehlt.)

Teile der Verbverbindung,

> Unternehmen XY mit Designpreis ausgezeichnet (Hilfsverb *wurde* des Passivs fehlt.)

Verben, die durch Präpositionen (zum Beispiel *in, nach, gegen, vor, für*) ersetzt werden können,

> Designpreis für Unternehmen XY
> (Mit Verb lautet die Überschrift: Designpreis wurde an das Unternehmen XY verliehen)

Auch wenn Verben in der Überschrift fehlen dürfen, so machen sie Überschriften doch oft prägnanter, inhaltlich eindeutiger und stilistisch eleganter, sodass es ratsam ist, sie zu verwenden:

Überschriften ohne Verb	Überschriften mit Verb
Biosensoren als Hilfsmittel zur Arzneistoffsuche	Biosensoren dienen als Hilfsmittel zur Arzneistoffsuche
Ersatz von Atomstrom durch Erdgas	Erdgas soll Atomstrom ersetzen

Der Überschrift fehlen ferner grafische Mittel. Sie endet nicht mit einem Punkt am Ende. Fragezeichen oder Ausrufezeichen werden in seriösen Medien nicht verwendet, aber Boulevardmedien nutzen sie als Mittel der Emotionalisierung. Für Pressemitteilungen sind sie hingegen nicht geeignet, da sie einen Mangel an Seriosität und Glaubwürdigkeit symbolisieren. Es sei denn, Sie arbeiten in einem Unternehmen, das emotionalisieren will.

Die Zeiten

Die Forderung, dass Überschriften eindeutig sein müssen, gilt auch für die Verwendung der Zeiten. Vergangenes muss als solches erkennbar sein, verwenden muss man zum Beispiel

das Präteritum,

> Engagement in China führte zum Erfolg

Die Überschrift

das Perfekt (oft verkürzt und nur mit dem Partizip ausgedrückt),

> Rhein-Neckar in Gruppe der Europäischen Metropolregionen aufgenommen
> (Das Hilfsverb *wurde* fehlt.)

Gegenwärtiges wird stets mit dem Präsens ausgedrückt.

> Unternehmen XY zeichnet Naturprojekte in Berlin aus

Geschehnisse in der Zukunft werden selten mit der grammatikalischen Form des Futurs ausgedrückt (*wird kommen, wird verbessern*), sondern oft mittels Signalwörtern, die auf die Zukunft verweisen (zum Beispiel *bald, morgen, im kommenden Jahr*) oder durch Nennung einer Veranstaltung oder des Datums:

> Hannover Messe 2010: Unternehmen XY präsentiert Innovationen der Photovoltaik

Zitate oder auch Teilzitate (einzelne, zentrale Wörter einer kompletten Aussage) können ebenfalls als Überschrift verwendet werden. Bitte wählen Sie stets ein Zitat, das die im Text erwähnte Person oder die beschriebenen Positionen und Ereignisse treffend umschreibt. Ein Zitat oder Teilzitat muss auch in der Überschrift als Wiedergabe fremden Gedankenguts erkennbar sein. Sie können entweder den Nachnamen nennen (dies geht nur bei kurzen Namen wie *Kohl*, fast nie bei Doppelnamen wie *Müller-Lüdenscheidt*) und das Zitat mit einem Doppelpunkt anfügen, das Sie eventuell zusätzlich mit Anführungszeichen versehen:

> Kohl: „Mittelstand muss gestützt werden"

Sie können aber auch auf die Namensnennung verzichten, dann müssen Sie mit Anführungszeichen arbeiten, damit der Leser sofort erkennt, dass es sich um ein Zitat handelt:

> „Migrantenkinder müssen stärker gefördert werden"

Da eine Überschrift verständlich sein soll, aber keinen Platz für Übersetzungen oder Erklärungen bietet, müssen Sie auf Fachbegriffe verzichten.

Eine Ausnahme sind Pressemitteilungen für eine Fachöffentlichkeit, die mit den Begriffen vertraut ist, zum Beispiel Pressemitteilungen eines Pharmakonzerns an die medizinische Fachpresse, deren Leser Ärzte sind, oder Texte der Investor Relations an die Finanzpresse. Ist ein Fachbegriff für die Darstellung eines Themas unerlässlich, wie es in der Wissenschafts-PR oder bei der Beschreibung von Produktionsprozessen oft der Fall ist, so müssen die verschiedenen Zeilen der Überschrift ein Mindestmaß an Verständlichkeit bieten, ehe die ausführliche Erläuterung im Text folgt. Oft hilft eine Kombination aus Fachbegriff und allgemein verständlicher Umschreibung:

Die Sonne hilft Stromsparen
Immer mehr Hausbesitzer investieren in Photovoltaik
(Es ist richtig, dass der Fachbegriff Photovoltaik nicht in der Hauptzeile steht und fachspezifische Informationen dort fehlen, jedoch in der Unterzeile genannt werden.)

5.4 Die Zwischenüberschrift

Eine Sonderform der Überschrift ist die Zwischenüberschrift. Sie steht – wie der Name schon sagt – zwischen den Absätzen eines Textes. Ihre Aufgaben: Sie soll den Blick des Lesers und damit seine Aufmerksamkeit auf sich ziehen, den Text in sinnvolle Einheiten unterteilen und dem Leser so Orientierungshilfe bieten. In Pressemitteilungen sollten Sie Zwischenüberschriften immer verwenden, wenn Ihr Text länger als eine Seite ist. Bei kürzeren Texten sind sie nicht zwingend erforderlich.

Zwischenüberschriften in Pressemitteilungen kündigen stets die Informationen der folgenden Absätze an. Sie folgen damit nicht dem als modern geltenden Einsatz von Zwischenüberschriften in Printmedien, die Zwischenüberschriften als Gestaltungselement nutzen, sodass sie oft an einer anderen Stelle im Artikel stehen als der Aspekt, den sie ankündigen. Das Nachrichtenmagazin Focus ist ein Beispiel hierfür.

Heben Sie Ihre Zwischenüberschriften stets optisch hervor, zum Beispiel mittels fetter oder farbiger Lettern oder einer anderen Schriftart. Eine Leerzeile vor jeder Überschrift macht zudem den Text übersichtlich und veranschaulicht, zu welchem Absatz die jeweilige Zwischenüber-

Die Überschrift

schrift gehört. Wählen Sie für alle Zwischenüberschriften eine einheitliche Länge. Am besten sind sie stets eine Zeile lang.

Abbildung 14 Zwischenüberschriften in einer zweiseitigen Pressemitteilung

| **Kurze Dachzeile**
Fette Hauptzeile
Kleine und fette Unterzeile/
Sie kann aus zwei Teilen bestehen

Der Vorspann fasst die Hauptgedanken zusammen oder nennt den Hauptgedanken. Er ist oft gefettet und sollte kurz sein; maximal 15 Zeilen à 40 Anschläge oder 10 Zeilen à 60 Anschläge.

Absatz Absatz Absatz Absatz Absatz
Absatz Absatz Absatz Absatz Absatz
Absatz Absatz Absatz Absatz Absatz
Absatz Absatz Absatz Absatz Absatz
Absatz Absatz Absatz Absatz Absatz
Absatz Absatz Absatz Absatz Absatz
Absatz Absatz Absatz.

Zwischenüberschrift
Absatz Absatz Absatz Absatz Absatz
Absatz Absatz Absatz Absatz Absatz
Absatz Absatz Absatz Absatz Absatz
Absatz Absatz.

Seite 1/2 | Absatz Absatz Absatz Absatz Absatz
Absatz Absatz Absatz Absatz Absatz
Absatz Absatz Absatz Absatz Absatz
Absatz Absatz Absatz Absatz Absatz
Absatz Absatz Absatz Absatz Absatz
Absatz Absatz.

Zwischenüberschrift
Absatz Absatz Absatz Absatz Absatz
Absatz Absatz Absatz Absatz Absatz
Absatz Absatz Absatz Absatz Absatz
Absatz Absatz Absatz Absatz Absatz
Absatz Absatz Absatz.

Absatz Absatz Absatz Absatz Absatz
Absatz Absatz Absatz Absatz Absatz
Absatz Absatz Absatz Absatz Absatz
Absatz Absatz Absatz Absatz.

Absatz Absatz Absatz Absatz Absatz
Absatz Absatz Absatz Absatz Absatz
Absatz Absatz

Seite 2/2 |

Stilistisch gelten für sie dieselben Vorgaben wie für die Überschrift der Pressemitteilung. Die Zwischenüberschrift soll sachlich und informativ die kommenden wichtigen Aspekte ankündigten und so konkret und aussagekräftig wie möglich formuliert werden. Falsch sind darum allgemeine, nicht auf den spezifischen Sachverhalt zugeschnittene Zwischenüberschriften wie *Informationen, Veränderungen, Vorgeschichte*.

6 Der Vorspann

Lange Pressemitteilungen in Form eines Berichts oder Features besitzen einen Vorspann – und folgen damit dem Vorbild journalistischer Artikel. Der Vorspann ist eine sehr wichtige Textpassage für jede Pressemitteilung, da er – zusammen mit der Überschrift – maßgeblich dafür entscheidend ist, ob der Journalist den Text liest. Beim Überfliegen des Vorspanns erkennt er, ob die Pressemitteilung ein für ihn interessantes Thema anspricht, ob der Stil zu seinem Medium oder Ressort passt und ob der Text eine angemessene Darstellung des Sachverhalts erwarten lässt. Wird eine Pressemitteilung veröffentlicht, prüft der Leser ebenfalls anhand des Vorspanns, ob sein erster Eindruck, den er anhand der Überschrift gewonnen hat, stimmt und ob er den Text lesen möchte. Insofern bildet der Vorspann die Brücke von der Überschrift zum gesamten Text.

6.1 Merkmale und Funktionen des Vorspanns

Der Vorspann ist der erste Absatz des Textes und ist idealerweise optisch hervorgehoben, zum Beispiel durch fette oder kursive Lettern oder eine andere Schriftart. Er sollte stets kurz sein; maximal 10 bis 15 Zeilen à 40 Anschläge oder 400 bis 600 Zeichen. Bitte folgen Sie nicht der Tendenz vieler Pressemitteilungen, den Vorspann erheblich länger zu schreiben. Damit entfernen Sie sich von den journalistischen Vorgaben und jeder Journalist, der Ihren Text veröffentlichen will, muss den Vorspann kürzen und entfernt womöglich entscheidende Aspekte oder Formulierungen.

Der Vorspann der Pressemitteilung soll mehrere Funktionen erfüllen: Er soll auf jeden Fall das Interesse des Journalisten wecken und ihn zum Lesen anregen. Dies geschieht in den harten Texten vornehmlich über die Qualität der gebotenen Informationen, in bunten Texten auch mittels unterhaltender Elemente, zum Beispiel mit Zitaten, originellen Aspekten oder anschaulichen Szenen. Ferner soll der Vorspann die wichtigsten Aspekte oder den Hauptgedanken der Pressemitteilung in kurzer und prägnanter Form nennen. Dies soll er in derselben Reihenfolge tun, wie sie im Text genannt werden. So erkennt der Journalist bereits beim Lesen des Vorspanns die Struktur des Textaufbaus.

6.2 Verschiedene stilistische Möglichkeiten des Vorspanns

Der Anfang ist am schwierigsten! Generationen von Journalisten (und auch Buchautoren) haben schon um die ersten Sätze ihrer Texte gerungen – und PR-Autoren geht es nicht anders. Darum werden Sie auf den folgenden Seiten verschiedene Möglichkeiten kennenlernen, eine Pressemitteilung zu beginnen.

Bitte beachten Sie: Ein Vorspann kann in mehrere der genannten Kategorien eingeordnet werden. So ist ein anonymer Vorspann auch oft ein summarischer Vorspann und ein Zitaten-Vorspann kann zugleich ein Nutzwert-Vorspann sein.

Der summarische (zusammenfassende) Vorspann
Nachrichtenagenturen wie Tagesmedien stellen harten Texten oft einen summarischen oder zusammenfassenden Vorspann voran. Er fasst – wie der Name sagt – die Hauptaspekte des Textes zusammen und nennt die wichtigsten Informationen. Bereits im ersten Satz werden die wichtigsten W-Fragen beantwortet. Häufig sind dies die Fragen *Wer tut was?* oder *Was tut wer?* Sie bieten einen gerafften, logischen Einstieg.

> Die Siemens AG wird ihre Konzernzentrale in München architektonisch neu gestalten. Ziel ist es, international Maßstäbe in Sachen Energieeffizienz zu setzen. „Siemens und die Stadt München bekommen damit ein neues grünes Aushängeschild und ein Symbol für nachhaltige Stadtentwicklung", sagte Siemens-Chef Peter Löscher. Anfang 2011 soll der Architektenwettbewerb starten. Die Bauarbeiten können voraussichtlich Ende 2012 beginnen und 2015 abgeschlossen sein.
> (Siemens AG, München, 14. Juni 2010)

Für Pressemitteilungen ist dieser Vorspann sehr gut geeignet, da viele Medien mit ihm arbeiten. Zudem können Sie mit ihm zentrale Informationen ankündigen und dem Journalisten einen ersten, gerafften Einblick in das Thema bieten. Er eignet sich außerdem, da er Sie Texte nach dem Prinzip der abnehmenden Wichtigkeit verfassen lässt und Sie dank des

Der Vorspann

Matroschka-Prinzips (s. Kap 4.6) mit einer Pressemitteilung zwei Texte versenden können – eine Nachricht (dies ist der summarische Vorspann) und einen Bericht.

Der modifizierte Vorspann
Eine Sonderform des summarischen Vorspanns ist der modifizierte Vorspann (modified summary lead). Auch er bietet eine Zusammenfassung des kommenden Textes, jedoch beantwortet der erste Satz nicht möglichst viele W-Fragen, sondern bietet eine pointierte, oft bewertende oder einordnende Aussage. Oft beantwortet er die Was-Frage, indem er Stellung bezieht.

> (Berlin, 15. Juni 2010) Weichenstellung für das papierlose Reisen auf der Schiene: Die Deutsche Bahn bietet ab sofort allen Bahnreisenden mit einem Handy neue Möglichkeiten bei der Buchung. Jetzt ist es möglich, sich die Fahrkarte bei einer Buchung im Internet auf bahn.de als MMS direkt auf das Mobiltelefon schicken zu lassen. (...)
> (Deutsche Bahn, 15. Juni 2010)

Zugleich erhöht der modifizierte Vorspann die Aufmerksamkeit des Lesers, da er auf eine Besonderheit hinweist, bevor er den Sachverhalt darlegt. Damit erinnert der modifizierte Vorspann an das Verhalten vieler Sprecher, die einen Spannungsbogen aufbauen, indem sie darauf hinweisen, dass sie gleich etwas Besonderes oder Spannendes erzählen werden: *„Du, das muss ich Dir erzählen!"* Oder: *„Du wirst nicht glauben, was mir gestern passiert ist."*

Im modifizierten Vorspann werden erst im zweiten Satz weitere W-Fragen ausführlich beantwortet. Oft wird die Was-Frage erneut beantwortet, aber detaillierter, mit mehr Fakten und weniger wertend als im Einstiegssatz. Bisweilen werden im Vorspann nur die besonders wichtigen W-Fragen beantwortet, die weniger wichtigen folgen in späteren Absätzen.

> Aufatmen bei der ESA: Der europäische Kometenjäger „Rosetta" hat am frühen Morgen das kritische Manöver am Mars bewältigt. Bei einer Geschwindigkeit von rund 30 000 Kilometern pro Stunde näherte sich die Sonde dem Planeten bis auf 250 Kilometer.
> (sueddeutsche.de/AFP/dpa; 25.02.2007)

Der modifizierte Vorspann ist ungeeignet für Pressemitteilungen, die neutral und emotionslos informieren wollen oder müssen. Wollen Sie aber einen Sachverhalt einordnen, dessen Bedeutung herausstellen oder mit Spannung einen unterhaltenden Text beginnen – dann bietet sich der modifizierte Vorspann an. Dies gilt beispielsweise für Wissenschafts-PR, die aus Forschungsergebnissen Geschichten für Laien machen möchte, aber auch für die Produkt-PR, die oft positiv informiert.

Der anonyme Vorspann
Wenn ein Sachverhalt wichtiger ist als die handelnde Person oder aber der Text über eine größere Gruppe von Personen berichtet, so lässt sich sehr gut der anonyme Vorspann verwenden.

> Eine Zellbiologin, zwei Physiker und ein Nachrichtentechnikforscher sind die neuen Alexander von Humboldt-Professoren. Der mit jeweils bis zu fünf Millionen Euro dotierte internationale Preis für Forschung in Deutschland wird von der Alexander von Humboldt-Stiftung vergeben und vom Bundesministerium für Bildung und Forschung finanziert. Mit der Alexander von Humboldt-Professur zeichnet die Stiftung weltweit führende und im Ausland tätige Forscher aller Disziplinen aus. Sie sollen langfristig zukunftsweisende Forschung an deutschen Hochschulen durchführen.
> (BMBF 102/2010; 16.06.2010)

Am Anfang der Pressemitteilung wird die Wer-Frage beantwortet, indem eine nicht spezifische Personen- oder Gruppenbezeichnung gegeben wird. Der erste Satz folgt zumeist dem Schema: *Wer tut was*. Die Person oder die Personen werden ohne Namen genannt und zumeist mittels einer Information über Beruf, Alter, Geschlecht oder Herkunft eingeführt. Wenn die Person oder die Personen für die Themenentwicklung eine Rolle spielen, wird ihr Name später genannt. Im gegenteiligen Fall bleiben sie namenlos: *Studierende der Universität Mannheim ...; Viele Hausfrauen wissen ihn zu schätzen: Den neuen (...).*

Falsch ist es, den anonymen Vorspann zu verwenden, wenn über bekannte Persönlichkeiten informiert wird oder eine Person zentral für die Berichterstattung ist, wie etwa in einer Personalmeldung.

Der Vorspann

Der Zitaten-Vorspann
Die Pressemitteilung beginnt mit einem Zitat, das einen wichtigen Aspekt benennt, den Text zusammenfasst oder von einer wichtigen Person stammt. Das Zitat muss aussagekräftig und kurz sein. Banalitäten langweilen nur und zu positive PR-Aussagen vermindern die Glaubwürdigkeit einer Pressemitteilung. Zudem muss es inhaltlich korrekt und mit der Person abgestimmt sein, die es gegeben hat. Wer will schon einen erbosten Chef erleben, der sich wörtlich in einer Zeitung zitiert sieht und nichts davon ahnte?

> „Die Bildungschipkarte ist ein sinnvolles Instrument, benachteiligten Kindern die Teilnahme an Musikschulen und Sportvereinen zu ermöglichen", betont Georg Cremer, Generalsekretär des Deutschen Caritasverbandes. Die Chipkarte wirke wie ein ergänzendes persönliches Budget, das arme Familien zweckgebunden für Teilhabeleistungen verwenden können. „Richtig umgesetzt, bevormundet sie arme Familien nicht, sondern erweitert ihre Entscheidungsmöglichkeiten", so Cremer. Die Chipkarte könne ein bedarfsgerechtes Sozialgeld für Kinder, wie es nun nach den Vorgaben des Bundesverfassungsgerichts zu berechnen ist, nur ergänzen, nicht ersetzen.
> (Berlin, 17.8.2010; www.caritas.de)

Der Zitaten-Vorspann bietet die Möglichkeit, eine Pressemitteilung mit einer anderen Perspektive als der des Autors zu beginnen und zugleich der Vorliebe vieler Leser für Zitate entgegenzukommen. Zudem kann man einen Unternehmensrepräsentanten oder eine andere wichtige Person namentlich einführen. Zitate sind eine gute Möglichkeit, um persönliche Meinungen, Bewertungen oder Sichtweisen mitzuteilen. Ungeeignet sind sie hingegen für die Wiedergabe von Fakten. Diese sind besser im Fließtext der Pressemitteilung untergebracht. Auch die Atmosphäre einer Situation lässt sich mit einem Zitat bisweilen einfangen.

Zitate als Texteinstieg sind für alle Pressemitteilungen geeignet. In einem Bericht lässt sich etwa mit einem prägnanten Zitat des Vorstandsvorsitzenden gut die zentrale Aussage zum abgelaufenen Geschäftsjahr formulieren, ein Bürgermeister kann ein kommunales Bauvorhaben bewerten oder der Personalverantwortliche eines global agierenden Unternehmens die interkulturelle Ausrichtung der Ausbildung loben. In der Produkt-PR kann ein Anwender exemplarische Aussagen zu einem Produkt machen, und in der Wissenschafts-PR kann man mittels des

Zitats eines Forschers unterhaltsam und anschaulich in ein komplexes Thema einsteigen.

Vorspann mit indirekter oder zusammenfassender Rede
Die deutsche Grammatik bietet nicht nur die Möglichkeit, Äußerungen Dritter als Zitat, also in der direkten Rede, wiederzugeben, vielmehr können wir auch Aussagen von anderen Personen in eigenen Worten wiedergeben (indirekte Rede) oder längere Redepassagen anderer in unseren eigenen Worten (zusammenfassende Rede). Für beide Arten der Redewiedergabe gilt: Die Aussagen dürfen nicht hinsichtlich Inhalt und Bewertung verändert oder gar verfälscht werden.

> **Freiburg, 11. Februar 2010 .** Ein konsequenteres Einschreiten gegen den Einsatz von Kindersoldaten fordert der Leiter von Caritas international, Oliver Müller. „Unsere Arbeit zur Resozialisierung ehemaliger Kindersoldaten kann langfristig nur Erfolg haben", so Müller, „wenn wir politische Unterstützung erhalten." Dazu müsse insbesondere der Druck auf die Verantwortlichen verstärkt werden. Wichtig sei es, zum einen das Verbot einer – zwangsweisen wie freiwilligen – Rekrutierung von Minderjährigen konsequent umzusetzen. Zum anderen müsse der Internationale Strafgerichtshof gegen Regierungen und Milizen tätig werden, wenn diese Kinder im Krieg einsetzen.
> (Caritas international, 11.02.2010, www.caritas-international.de)

Ein Vorspann mit indirekter oder zusammenfassender Rede wird zum Beispiel in Pressemitteilungen von Parteien und Verbänden verwendet, um die Position eines Politikers, einer Partei oder einer Interessenvertretung mitzuteilen. Er eignet sich auch für andere PR-Segmente oder Branchen, solange es darum geht, die Äußerung einer Person zusammenfassend darzustellen, zum Beispiel als Einstieg in eine Pressemitteilung über einen wissenschaftlichen Kongress, eine Bilanzpressekonferenz oder ein Ereignis, das ein Unternehmenssprecher bewertet.

Der szenische Vorspann
Dieser Vorspann beschreibt eine Szene oder malt mit Worten ein Bild. Er ist anschaulich, konkret und detailliert in der Darstellungsweise. Adjektive können – im Gegensatz zum summarischen Vorspann eines Sachberichts – zum atmosphärischen Beschreiben verwendet werden. Die Aufgabe des szenischen Vorspanns ist nicht so sehr, Informationen

Der Vorspann 87

mitzuteilen, sondern er will vor allem unterhalten, emotional ansprechen und Atmosphäre vermitteln.
Ursprünglich stammt der szenische Vorspann aus der Reportage und ist dort nach wie vor zu finden. Seit fast zwanzig Jahren wird er aber auch in anderen Textsorten eingesetzt, vor allem im bunten Bericht und im Feature. Zunehmend steigen Autoren auch in harte Texte szenisch ein, um dann nachrichtlich und sachlich fortzufahren. So soll mittels eines unterhaltsamen Einstiegs die Darstellung harter Fakten attraktiv gemacht werden.
Auch wenn der szenische Vorspann nicht die klassische Art ist, Pressemitteilungen zu beginnen, so kann er doch verwendet werden, wenn nicht nur informiert, sondern auch unterhalten werden soll. So verfahren oft PR-Autoren kultureller Institutionen wie Museen, Kinos oder Theater. Geeignet ist er auch für Pressemitteilungen zu bunten, leichten Themen oder für Zielgruppen, die gerne unterhalten werden. Wenn ein Unternehmen für potenzielle Auszubildende einen Informationstag veranstaltet oder über den Tag der offenen Tür berichtet – dann lässt sich gut mit dem szenischen Vorspann arbeiten. Aber auch Produkte lassen sich mittels eines szenischen Vorspanns anschaulich beschreiben – und in eine unterhaltsame Darstellung einbinden. In der Wissenschafts-PR wird der szenische Vorspann gerne verwendet, um einen Bezug zur Alltagswelt der Leser herzustellen, bevor ein schwieriger wissenschaftlicher Sachverhalt erläutert wird. Auch in der Tourismus-PR wird er häufig genutzt:

> Bozen, 10.08.2010 – Wenn der erste Schnee unter den Schuhen knirscht und das Jahr sich dem Ende zuneigt, sehnt man sich nach einem stillen Ort, möchte Zeit mit seinen Liebsten verbringen, sich besinnen. Keine Autos, kein Handyempfang, kein Internetzugang – ein Luxus, der auf Südtirols höchstem ganzjährig bewohntem Wohnsitz, der Faneshütte zu finden ist. Auf 2.000 Metern laden eine komfortable Berghütte und die Kulisse der schneebedeckten Gipfel der Dolomiten, seit Juni 2009 UNESCO-Weltnaturerbe, zum Verweilen ein.
> (Südtirol Marketing Gesellschaft, 10.8.2010)

Der Frage-Vorspann
Dieser Vorspann formuliert eine oder mehrere Fragen, die für die Themenentwicklung wichtig sind und in der Pressemitteilung beantwortet werden. Wichtig für das Gelingen dieser Vorspannvariante: Die Fragen

müssen dem Leser offensichtlich erscheinen und kurz sein. Bitte formulieren Sie nie mehr als drei Fragen, da sonst die Übersichtlichkeit Ihres Textes leidet, und beantworten oder erörtern Sie alle Fragen. Lassen Sie Ihre Leser nie mit offenen Fragen zurück.

> Wie kann Arbeitslosen Zugang zum Arbeitsmarkt ermöglicht werden? Welche arbeitspolitischen Maßnahmen werden eingesetzt und wie sind ihre Wirkungsweisen? Diese Fragen stehen im Mittelpunkt der Tagung „Abwärtsspiralen unterbrechen – Wege aus der Arbeitslosigkeitsfalle", zu der das Institut für Soziologie der Universität Heidelberg am 18. und 19. Juni 2010 nach Bad Herrenalb einlädt. Ziel der Veranstaltung unter der Leitung von Prof. Dr. Markus Pohlmann ist es, die Forschungsbefunde von Arbeitsmarktforschern vorzustellen und diese aus unterschiedlichen Perspektiven mit Experten aus der Praxis sowie Politikern zu diskutieren.
> (Universität Heidelberg, 14. Juni 2010 – Nr. 129/2010)

Der Frage-Vorspann bietet eine interessante Möglichkeit, eine Pressemitteilung zu beginnen, jedoch gilt er nicht als Standardeinstieg. In der Wissenschafts-PR, in der es oft um die Beantwortung von Forschungsfragen geht, lässt er sich gut anwenden. Geeignet ist er auch, wenn Sie eine Vielzahl verschiedener Aspekte ansprechen möchten oder Sie die Vorzüge eines Produkts erläutern, um nur einige Beispiele zu nennen.

Der Nutzwert-Vorspann

Dieser Vorspann ist im Kontext der Konzeption vieler Medien zu sehen, ihren Lesern einen Nutzwert für Alltag oder Berufsleben zu bieten. Um die Journalisten in diesem Bemühen zu unterstützen – und die Chancen auf Veröffentlichung der eigenen Pressemitteilung zu erhöhen – sollten PR-Autoren auf den Nutzwert unternehmerischer Produkte oder Strategien explizit hinweisen, am besten in der Überschrift oder im Vorspann. Oft benennt der Nutzwert-Vorspann auch die Zielgruppe, die von der geschilderten Leistung profitiert.

> Die Herstellung von Zement ist weltweit für fünf bis sieben Prozent aller CO_2-Emissionen verantwortlich. Wissenschaftler am Karlsruher Institut für Technologie (KIT) haben nun das neuartige Bindemittel Celitement® entwickelt. Gegenüber herkömmlichem Zement können die CO_2-Emissionen bei seiner Herstellung um bis zu 50 Prozent gesenkt werden. Mit dem Verbund-

projekt „Celitement 0" Entwicklung eines nachhaltigen Zements" fördert das Bundesministerium für Bildung und Forschung (BMBF) die Weiterentwicklung dieses Baustoffes mit 3,4 Millionen Euro.
(BMBF, 7.7.2010, Pressemitteilung 120/2010)

Der Zielgruppen-Einstieg
Vor allem in der Produkt-PR kann es sinnvoll sein, gleich im Vorspann die Zielgruppe zu benennen, für die der Text und das darin beschriebene Thema interessant sein dürften. So können Journalisten bereits beim Überfliegen der ersten Zeilen erkennen, für wen und für welches Ressort die jeweilige Pressemitteilung interessant ist. Zugleich können Sie – ist der Text erst einmal veröffentlicht – die anvisierte Zielgruppe quasi „ansprechen" oder deren Aufmerksamkeit erregen.

An Pharmazeuten, Mediziner, Botaniker und Biotechnologen richten sich zwei Fachbücher, die Prof. Dr. Michael Wink, Direktor am Institut für Pharmazie und Molekulare Biotechnologie der Universität Heidelberg, herausgegeben hat. Sie beschäftigen sich mit pflanzlichen Sekundärstoffen, biogenen Arzneistoffen und Giften. Die beiden Publikationen „Functions and Biotechnology of Plant Secondary Metabolites" sowie „Biochemistry of Plant Secondary Metabolism" bieten einen umfassenden Überblick über den aktuellen Forschungsstand.
(Universität Heidelberg, 9. Juni 2010 – Nr. 124/2010)

Der Motto-Vorspann
Vor allem in der Berichterstattung über Veranstaltungen ist es eine beliebte Variante mit dem Hinweis auf deren Motto oder einen pointiert formulierten Leitgedanken einzusteigen. Dies erlaubt es Ihnen, bereits im ersten Satz kurz und prägnant die Veranstaltung zu umreißen und relevante W-Fragen zu beantworten, ohne sich in Details zu verlieren, was den Einstiegssatz zu lang machen würde.

„EIN(E)REISE in die Vergangenheit": Unter diesem Motto lädt das Bundesministerium für Bildung und Forschung ein zum Tag der offenen Tür am 21. und 22. August. Im Gebäude der ehemaligen Ständigen Vertretung der Bundesrepublik bei der DDR in der Hannoverschen Straße werden die Besucherinnen und Besucher ein buntes Programm zwischen Politik und Unterhaltung erleben.
(BMBF, 18.8.2010, Pressemitteilung 140/2010)

Es ist nicht erforderlich, das Wort *Motto* in den Vorspann einzubauen:

> Mit „Schwingung, Schall und Klang" – so das Thema der diesjährigen naturwissenschaftlichen Erlebnistage der Klaus Tschira Stiftung – feierten über 52 000 Menschen den fünften Geburtstag der Veranstaltung „Explore Science". Damit wurde die Besucherzahl vom letzten Jahr weit übertroffen. An fünf Tagen erlebten vor allem Kindergartenkinder, Schüler, Lehrer und Eltern, wie Wellen sich ausbreiten und Klang und Musik entstehen. (...)
> (Klaus Tschira Stiftung, 14. Juni 2010)

6.3 Die W-Fragen im Vorspann

Neben den oben geschilderten stilistischen Varianten gibt es weitere Möglichkeiten, eine Pressemitteilung zu beginnen: Hierzu orientieren Sie sich an den verschiedenen W-Fragen und nutzen deren Beantwortung für verschiedene Einstiegsvarianten. Bei diesen Texteinstiegen liegt der Fokus stets auf den ersten Worten der jeweiligen Pressemitteilung. Mit ihnen verweisen Sie bereits auf die zentralen Aussagen und den wichtigsten Aspekt des behandelten Themas.

Erneut ist zu beachten, dass ein Vorspann durchaus Merkmale verschiedener Kategorien aufweisen kann. Oft ist ein summarischer Vorspann zugleich ein Wer-tut-was-Vorspann und ein Frage-Vorspann zugleich ein Wie-Vorspann.

Der Wer-Vorspann
Dieser Einstieg beantwortet die Frage: *Wer hat was getan oder gesagt?* Er wird sehr häufig verwendet, besonders in Berichten und als Leadsatz in der Nachricht. Er muss verwendet werden, wenn über berühmte Persönlichkeiten berichtet wird (Nachrichtenfaktor: Prominenz der Handelnden). In der PR bietet er zudem die Möglichkeit, das eigene Unternehmen an exponierter Stelle zu nennen. Dies sollten Sie immer tun, wenn Sie eine herausragende Leistung Ihres Unternehmens mitteilen:

> Die Universität Mannheim schneidet in der Beurteilung von Arbeitgebern weiterhin sehr gut ab. In der Betriebswirtschaftslehre genießt sie zum neunten Mal in Folge den besten Ruf aller deutschen Hochschulen, die Wirtschaftsinformatik kommt in ihrer Disziplin auf Rang 3. Das Magazin Wirtschaftswoche

Der Vorspann 91

veröffentlicht die Ergebnisse in seiner aktuellen Ausgabe. Es hatte hierzu mehr als 500 Personalchefs deutscher Unternehmen befragt.
(Universität Mannheim, 27. Mai 2010)

Der Wer-Vorspann ist nie verkehrt und Sie können ihn immer verwenden – in allen Branchen und in allen informativen Texten. Trotzdem sollten Sie aus Gründen der Abwechslung und einer angemessenen Fokussierung des Themas auch andere Vorspannvarianten formulieren.

Der Was-Vorspann

Ebenso wie der Wer-Vorspann kann auch der Was-Vorspann fast immer verwendet werden. Es ist fast immer sinnvoll, eine Antwort auf folgende Fragen zu geben: *Was hat wer gesagt oder getan? Was ist geschehen?* Oder: *Was wird jemand sagen oder tun? Was wird geschehen?*

Im Unterschied zum Wer-Vorspann steht aber nicht die handelnde Person oder das handelnde Unternehmen im Fokus der Aufmerksamkeit, sondern die Handlung an sich, zum Beispiel der Bau einer neuen Fertigungshalle, die anstehende Änderung der Unternehmensausrichtung oder die Bilanzzahlen des vergangenen Geschäftsjahrs:

> Mit 5.000 Euro unterstützt die ANDREAS STIHL AG & Co. KG, bereits zum vierten Mal, einen Caligari-Preis an der international renommierten Filmakademie in Ludwigsburg. In der diesjährigen Jurysitzung wurde der STIHL Preis einstimmig dem überzeugenden Filmprojekt „Country Road" zugesprochen. Wolfgang Zahn, STIHL Vorstand Entwicklung und stellvertretender Vorsitzender des Fördervereins der Filmakademie Baden-Württemberg, erläutert die Förderziele des Unternehmens: „Der Preis soll die Kreativbranche in der Region und den Medienstandort Baden-Württemberg stärken. Wo ist er also besser aufgehoben als in den Händen der herausragenden Talente an der Filmakademie in Ludwigsburg."
> (Stihl, 4. März 2010)

Der Wann-Vorspann

Dieser Einstieg beantwortet die Frage: *Zu welchem Zeitpunkt ist etwas gesagt worden oder geschehen?* Diesen Einstieg sollten Sie nicht häufig verwenden. Er ist vorbehalten für Berichtsanlässe, bei denen der Zeitpunkt oder der Zeitraum für ein Geschehen wichtig ist.

> Mannheim, 09. Juni 2010. Heute eröffnete Stifter Klaus Tschira in Anwesenheit von Mannheims Oberbürgermeister Dr. Peter Kurz und Explore Science-Projektpate Professor Claus E. Heinrich sowie Vertretern aus Politik, Presse und Wissenschaft die fünften naturwissenschaftlichen Erlebnistage der Klaus Tschira Stiftung. Unter dem Motto „Schwingung, Schall und Klang" dreht sich in diesem Jahr vom 9. bis 13. Juni alles um die Welt der Akustik. (...)
> (Klaus Tschira Stiftung, 09. Juni 2010)

Verwenden Sie diesen Vorspann nie, wenn der Zeitpunkt des Geschehens unwichtig ist. Dann würden Sie Ihren Text mit einem unwichtigen Aspekt eröffnen und einen falschen Schwerpunkt legen. Negativbeispiele finden sich häufig in Lokalzeitungen: *Am Samstag gastierte ... in der Stadthalle; Am Sonntag fand ... statt*. Aber wer will dies im Nachhinein wissen? Wen interessiert bei einem Nachbericht, *dass* etwas stattgefunden hat? Berichtenswert ist vielmehr, *wie* ein Ergebnis war. So ist es nicht interessant, *dass* ein Konzert stattgefunden hat, sondern *wie* es war, ob es den Zuschauern gefiel oder die Band viele Zugaben spielte. Eine weitere Gefahr des Wann-Vorspanns: Er kann zeitlich zu stark gebunden sein, sodass der Journalist ihn verändern muss, wenn er ihn nicht am entsprechenden Tag veröffentlicht.

Der Wo-Vorspann
Dieser Vorspann beantwortet die Frage: *An welchem Ort ist etwas gesagt worden oder geschehen?*

> In deutschen Städten werden die zulässigen Grenzwerte für das gesundheitsschädliche Stickoxid regelmäßig überschritten. Einen wichtigen Beitrag zum Umweltschutz sollen jetzt neuartige Pflastersteine leisten. Sie sind mit Nanopartikeln aus Titandioxid beschichtet und können Stickoxidkonzentrationen in der Luft reduzieren.
> (Fraunhofer, Mediendienst 08/2010)

Verwenden Sie ihn nur, wenn der Ort des Geschehens für das Thema oder den Sachverhalt wichtig ist. Ansonsten laufen Sie Gefahr, einen langweiligen Texteinstieg zu formulieren. Vermeiden Sie auf jeden Fall, Ihr Unternehmen als Ort zu benennen, wenn dies nicht nötig ist. Journalisten wittern dann leicht eine zu starke PR-Ausrichtung des Textes.

Der Vorspann 93

Der Wie-Vorspann
Diese recht seltene Einstiegsvariante beantwortet die Frage: *Wie hat jemand etwas gesagt oder getan?* Die Art und Weise, wie etwas geschieht oder geschehen ist, ist wichtiger als die Tatsache, dass etwas geschehen ist. In der PR-Branche wird der Wie-Vorspann nur selten verwendet.

> Mit einem Festakt begeht das Max-Planck-Institut für Plasmaphysik (IPP) in Garching und Greifswald – eines der größten Zentren für Fusionsforschung in Europa – am 26. Juli 2010 sein 50-jähriges Jubiläum. In Anwesenheit von Ministerpräsident Horst Seehofer und Forschungsminister Dr. Wolfgang Heubisch, Vertretern des Bundesforschungsministeriums, der Europäischen Union sowie zahlreicher Ehrengäste feiert das Institut 50 Jahre erfolgreiche Forschungsarbeit – ein Anlass, die große, auf dem Weg zu einem Fusionskraftwerk zurückgelegte Strecke und die noch zu bewältigenden Abschnitte in den Blick zu nehmen.
> (Max-Planck-Institut für Plasmaphysik, 15.07.2010)

Der Wie-Vorspann eignet sich für die Produkt-PR; um etwa eine Verfahrensweise zu erläutern und zugleich auf den Nutzwert hinzuweisen:

> Die neue Visco®-Kupplung vom Thermo Management-Experten Behr Hella Service regelt den Lüfter jetzt elektronisch und kennfeldgesteuert. Damit gelingt es, die gestiegenen Anforderungen an die Motorkühlung zum Erreichen der Abgasnorm Euro 5 und 6 zu erfüllen.
> (Behr Hella Service GmbH, Juni 2010)

Der Warum-Vorspann
Dieser Vorspann thematisiert die Frage, warum jemand etwas gesagt oder getan hat. Damit lenkt er den Fokus weg von dem Sachverhalt an sich und hin zu dessen Ursachen oder zu den Gründen und Motiven der handelnden Person oder des agierenden Unternehmens. Das Problem bei diesem Vorspann ist, dass er oft einen Texteinstieg mit einem Nebensatz erfordert, was stilistisch bedenklich ist.

> Angesichts des Erdbebens von Haiti, das mit seinen unglaublichen Ausmaßen und Folgen die Insel Haiti erschüttert hat, beteiligt sich sanofi-aventis mit

einer Million Euro an den Hilfsaktionen und unterstützt finanziell längerfristige Wiederaufbaumaßnahmen und die Rehabilitierung der Bevölkerung.
(21. Januar 2010; www.sanofi-aventis.de)

Im PR-Kontext, vor allem in der Konfliktkommunikation, lässt sich der Warum-Vorspann gut einsetzen, um das eigene Handeln zu erklären oder zu rechtfertigen. Er bietet die Möglichkeit, dass eine negative Tatsache nicht mehr im Fokus steht, sondern stattdessen die Motive und Gründe, die den Sachverhalt in einem besseren Licht erscheinen lassen. Einige Beispiele:

Um den Wirtschaftsstandort Deutschland zu sichern, muss das Unternehmen XY Teile seiner Produktion ins Ausland verlegen.

Damit das Gros der Mitarbeiterinnen und Mitarbeiter auch in Zukunft..., ist es notwendig ...

7 Tipps für Sprache und Stil

Wer eine Pressemitteilung schreibt, möchte stets, dass diese gelingt. Schließlich steht jede einzelne in harter Konkurrenz; zunächst bei den Journalisten, denen jeden Tag viele Texte zum Lesen und Veröffentlichen angeboten werden, doch auch bei den Lesern des Mediums, in dem der Text ganz oder in Auszügen veröffentlicht wird. Bitte machen Sie sich klar: Sie wollen von beiden Zielgruppen ein wichtiges Gut erhalten – nämlich deren Zeit. Hierfür müssen Sie ihnen auf jeden Fall einen guten Text bieten. Daraus lassen sich Forderungen für die Sprache und den Stil von Pressemitteilungen ableiten: Sie sollen prinzipiell für die Zielgruppe verständlich, leicht zu lesen und interessant sein. Welche Mittel der Grammatik und des Stils ermöglichen dies? Nun, verständliche Wörter in kurzen, attraktiven Sätzen mit einer korrekten Grammatik. Auf den folgenden Seiten erhalten Sie grammatikalische Informationen und stilistische Tipps, die Ihnen beim Verfassen von Pressemitteilungen helfen werden. Hierbei stehen stilistische Überlegungen im Vordergrund. Die zentrale Frage lautet: Welche Möglichkeiten der deutschen Grammatik sollte ein PR-Autor wählen, um eine gute Pressemitteilung zu verfassen?

7.1 Füllwörter und blasse Wörter streichen

Texte werden kürzer und prägnanter, wenn Sie Füllwörter streichen. Dies sind Wörter, die grammatikalisch korrekt sind, aber in der aktuellen Verwendung keine Bedeutung tragen. Sie können diese streichen, ohne die Bedeutung eines Satzes zu verändern. Einige Beispiele für Wörter, die oft Füllwörter sind:

> insgesamt, insbesondere, hierbei, dabei, ja, regelrecht, natürlich, wohl, eben, gewissermaßen, nun, einmal, sicher, sozusagen.

Auch blasse Wörter, sollten Sie nicht verwenden. Sie machen einen Text ausdrucksschwach und stilistisch beliebig. Jedoch muss man einräumen, dass es bisweilen Geschmackssache ist, welche Wörter blass sind und darum vermieden werden sollten. Sie sollten auf jeden Fall Verben vermeiden, die nicht wirklich eine Handlung ausdrücken. Einige Beispiele für Wörter, die als blass und ausdrucksschwach gelten:

> beziehungsweise, im Rahmen von, im Zuge von, das heißt/d. h., bezüglich, darstellen, erfolgen, sich ergeben, beinhalten, das bedeutet

7.2 Modewörter vermeiden

Modewörter sind Wörter, die eine gewisse Zeit populär sind und von vielen Sprechern verwendet werden. Oft stammen sie aus einer bestimmten gesellschaftlichen Gruppe, etwa der Musik- und Jugendszene und verbreiten sich von dort in die Allgemeinsprache. Solche Wörter sind zum Beispiel *sauber, fabelhaft, fett*. Manche Modewörter sind auch schon lange fester Bestandteil der deutschen Sprache. So gab es die Adjektive *global* oder *innovativ* und das Verb *optimieren*, die Substantive *Kundenorientierung, Kundenzufriedenheit* oder *Nachhaltigkeit* sowie die Wortverbindungen *Kompetenz der Systemlösungen, maßgeschneidertes Angebot* oder *Individualität der Dienstleistungen* schon lange, bevor sie von Unternehmen inflationär in Pressemitteilungen, Flyern oder auf Websites verwendet wurden, um die eigenen Leistungen positiv darzustellen.

Modewörter haben eine Besonderheit, die Vorteil und Nachteil zugleich sind. Sie sind inhaltlich vage und besitzen keine konkrete Bedeutung. Deshalb können sie sehr oft und in vielen verschiedenen Kontexten verwendet werden, doch sie sind nicht präzise in der Aussage. Was ist zum Beispiel eine *tolle* Party? Gibt es leckeres Essen, diskutieren die Gäste angeregt zu klassischer Musik, fließt Alkohol in Strömen und junge Damen tanzen spärlich begleitet durch die Räumlichkeiten? Das Adjektiv alleine gibt Ihnen hierüber keine Auskunft, sondern Sie benötigen weitere Informationen, um das Modewort *toll* eindeutig interpretieren zu können.

Dies gilt auch für die PR-Kommunikation. Präzise und inhaltlich korrekt kann sie nur sein, wenn Modewörter entweder vermieden oder die mit ihnen gemachten Behauptungen anhand konkreter Beispiele oder Beweise belegt werden. Wenn ein Unternehmen sein Produkt als *innovativ* lobt, dann muss die Pressemitteilung die technischen Neuerungen und

Verbesserungen darstellen und damit belegen, dass das Unternehmen in der Tat ein innovatives Produkt auf den Markt bringen wird.

Modewörter sind gut zu verwenden in der Werbebranche, die in Anzeigen und Broschüren bei möglichst vielen Menschen Wünsche wecken und deren Emotionen ansprechen möchte. Auch in Texten der Produkt-PR, die zwischen PR, Marketing und Werbung angesiedelt ist, finden sich oft Modewörter. In seriösen Pressemitteilungen hingegen, die glaubwürdig sein sollen und Vertrauen zwischen Absender und Empfänger aufbauen wollen, sind Modewörter nur in Ausnahmefällen zu verwenden. Am besten ist, Sie vermeiden leere Worthülsen und nennen konkrete Fakten.

7.3 Vorsicht bei Anglizismen

Anglizismen sind Wörter der deutschen Sprache, die aus dem Englischen oder Amerikanischen stammen (*Fan, Chip, Internet*) oder von denen wir dies glauben. So telefonieren die Deutschen mit einem *Handy* – Amerikaner kennen dieses Wort aber nicht. Gleiches gilt für den *Talkmaster* und den *Service Point*. Und die Deutsche Bahn will mit ihrer Idee *rail & fly* die Nutzung von Zug und Flugzeug miteinander verbinden, hat dabei aber übersehen, dass *to rail* auf Deutsch *schimpfen* heißt.

Auch wenn hier nicht puristische Reinheitsideen verfolgt werden, da sprachliche Modernisierungen durchaus sinnvoll sind, so ist doch vor einem unkritischen Gebrauch von Anglizismen zu warnen. Zum einen sind viele von ihnen Modewörter, also an Zeitströmungen gebunden und bisweilen inhaltlich vage, zum Beispiel *trendy, daten* oder der *Deal*. Ferner können sie die Verständlichkeit erschweren, da viele Menschen Englisch nicht gut oder gar nicht beherrschen. Erinnert sei nur an den Slogan der Parfümeriekette Douglas „*Come in and find out*", der oft falsch übersetzt wurde mit „*Finde hinein und wieder heraus*" – und damit doch die Assoziation „Labyrinth" erweckte.

Anglizismen werden zudem oft als Euphemismen missbraucht. Sie sollen dann Dinge besser wirken lassen, als sie sind, oft verbunden mit der Absicht, Menschen zu täuschen oder zu manipulieren. So sollte der modern wirkende Anglizismus *Phone Station* (Kurzform der Übersetzung *telephone station* für *Telefonzelle*) der Telekom davon ablenken, dass das Unternehmen die teuren, aber kundenfreundlichen Telefonzellen durch

Stangen ersetzt hat, an denen ein Telefon hängt und die den Kunden Lärm, Regen und anderen Widrigkeiten fast schutzlos aussetzen. Unbestritten ist ferner, dass Anglizismen in einigen Bevölkerungsgruppen ein Akzeptanz- und Glaubwürdigkeitsproblem haben.

Aufgrund dieser Nachteile sollten Sie nur sehr bewusst und sorgfältig Anglizismen in Pressemitteilungen verwenden, zum Beispiel wenn Sie Produkt-PR für eine junge, technikaffine Zielgruppe machen, die viel englisch spricht. Müssen Sie Anglizismen oder Fachbegriffe englischen Ursprungs verwenden, wie dies in PR-Texten zu naturwissenschaftlichen Themen oft der Fall ist, dann müssen sie diese behandeln wie Fremdwörter – sie müssen diese erklären, übersetzen oder anhand eines Beispiels veranschaulichen; entweder im Text oder in einem Glossar.

7.4 Verständlich schreiben

Fremdwörter und Fachtermini (deutsche und fremdsprachige) können einen Text schwer verständlich machen. Sie sind trotzdem nicht generell abzulehnen, doch erfordern sie einen sorgfältigen Umgang. Unproblematisch sind sie in der Kommunikation zwischen Fachleuten, beispielsweise unter Medizinern oder zwischen Ärzten und Pharmakonzernen. Dort spielen sie sogar eine wichtige Rolle, da die eindeutig definierten Fachtermini den Fachleuten bestens bekannt sind und es ihnen ermöglichen, präzise und kurz zu formulieren, da sie sich nicht mit Erklärungen aufhalten müssen. So weiß jeder Mediziner, was *Diabetes* oder *Onkologie* ist. Fremdwörter (zum Beispiel *symptomatische* oder *klinischer Nutzen*) sind zwar nicht eindeutig definiert wie Termini, doch entsprechen sie dem Sprachduktus dieser Gruppen und können darum in Pressemitteilungen an Fachgruppen verwendet werden.

Anders ist dies in der Kommunikation mit Laien, wie dies der Fall ist bei Medien, die sich an mehrere Zielgruppen wenden. Die Tageszeitungen, das unterhaltende Magazin, aktuelle Rundfunk- sowie TV-Beiträge sind hier als wichtigste Beispiele zu nennen. Wenn Sie Pressemitteilungen für eine nicht klar bestimmte Zielgruppe verfassen, dann gelten für Sie folgende Regeln: Fachtermini verwenden Sie nur, wenn dies das Thema zwingend erfordert, wie dies oft in der Wissenschafts-PR der Fall ist. Dann müssen Sie Ihren Lesern diese Fachtermini aber stets erklären; entweder indem Sie eine Übersetzung anbieten (*Diabetes – Zuckerkrank-*

Tipps für Sprache und Stil

heit, Bursa – Schleimbeutel) oder den Begriff erklären (*Onkologie, also der medizinische Fachbereich, der sich mit Krebserkrankungen befasst*) oder ein Beispiel geben (*bösartige Tumorerkrankungen wie Lungenkrebs oder andere Krebsarten*). Anregungen hierzu finden Sie in wissenschaftsjournalistischen Artikeln, in denen Forschungserkenntnisse der Allgemeinheit vermittelt und erklärt werden.

Fremdwörter, die nicht zugleich Fachtermini sind, sollten Sie in Pressemitteilungen an unbestimmte Zielgruppen vermeiden. Suchen Sie bitte stets das deutsche Wort – damit befolgen Sie zugleich eine im Journalismus geltende Schreibregel. Fremdwörter können Sie jedoch verwenden, wenn sie bekannter und gängiger sind als die deutsche Entsprechung. *Tempolimit* spricht sich besser als die lange *Geschwindigkeitsbegrenzung*, und die Wörter *Computer, Viren* oder *Programme* erkennen viele Menschen gar nicht mehr als Fremdwörter.

Abkürzungen bitte vermeiden
Wie für Fremdwörter und Fachtermini gilt auch für Abkürzungen: Sie können zu Verständnisschwierigkeiten führen. Dies gilt besonders für Abkürzungen, die in einem Unternehmen üblich, aber außerhalb kaum bekannt sind, zum Beispiel Abkürzungen als Namen für Abteilungen, Produkte oder Werksgebäude. Sie dürfen nie in einer Pressemitteilung verwendet werden, da diese sich stets an externe Personen richtet.

Außerhalb des Unternehmens gebräuchliche Abkürzungen sollten Sie ebenfalls vermeiden, da auch sie oft die Verständlichkeit eines Textes verringern und zudem den Lesefluss hemmen. Erlaubt sind nur Abkürzungen, die zu Eigennamen geworden sind, zum Beispiel Firmennamen (*BASF, SAP*) oder die Krankheitsbezeichnung *Aids*. Ähnlich verhält es sich mit *MwSt., BGB* und *DIN*. Erlaubt sind zwar auch Abkürzungen wie *ca., usw.* oder *z. B*. Aus Gründen der Optik empfiehlt es sich, auf sie zu verzichten.

7.5 Wiederholungen kontrollieren und sinnvoll einsetzen

Ein wichtiger Tipp für einen guten Stil: Vermeiden Sie unnötige Wiederholungen von Wörtern und von Inhalten. Sie machen einen Text langweilig, monoton und unnötig lang.

Warum zum Beispiel nach Zitaten immer schreiben *sagte, sagte, sagte*? Variieren Sie doch und verwenden Sie zum Beispiel *führte aus, antwortete* oder *so Müller.* Aber natürlich nur, sofern dies inhaltlich stimmt.

Viele Schreiber neigen dazu, aus Versehen inhaltliche Wiederholungen – sogenannte Redundanzen – in ihre Texte einzubauen. Sie geben den gleichen Inhalt in verschiedenen Sätzen mehrfach wieder – und machen damit ihren Text unnötig lang. Viele professionelle Schreiber wissen um dieses Problem und planen darum beim Redigieren einen Arbeitsschritt ausschließlich für das Entfernen von Redundanzen ein. Inhaltliche Wiederholungen können sich auch auf einzelne Wörter beziehen, welche die gleiche Idee ausdrücken:

In 2009 führte das Altenheim im Pflegedienst ein Dokumentationssystem neu ein. (Die Wörter *einführen* und *neu* sind redundant.)

Es gibt aber auch notwendige Wortwiederholungen, die Sie nicht streichen sollten. Wiederholen Sie – stilistisch angemessen – die zentralen Begriffe eines Themas oder Sachverhalts. Dies sollten Sie vor allem tun, wenn Sie einen Fachterminus einmal eingeführt und definiert haben. So können sich die Leser besser auf den Inhalt konzentrieren, da sie nicht immer überlegen müssen, ob mehrere Begriffe sich auf denselben Sachverhalt oder dieselbe Person beziehen, wie sie es bei synonymen Begriffen tun müssen. Dies erhöht die Verständlichkeit von Texten sehr. Nutzen Sie dieses Schreibprinzip, wenn Sie über ein schwer verständliches Thema schreiben, zum Beispiel aus dem Bereich der Wissenschafts-PR oder Finanzkommunikation.

Auch aus strategischen Gründen kann eine wohldosierte Wortwiederholung sinnvoll sein, zum Beispiel um so den unternehmenseigenen Sprachstil zu etablieren und Formulierungen des Corporate Identity Wording zu verbreiten.

7.6 Die Zeitstufen in der Pressemitteilung

Die Pressemitteilung kann vergangene, gegenwärtige und zukünftige Sachverhalte mitteilen. Die jeweiligen Zeitstufen werden mit den entsprechenden Zeitstufen des Verbs wiedergegeben. So wird Gegenwärtiges mit dem Präsens ausgedrückt.

Erstmals präsentiert sich die Bosch Solar Energy AG auf der diesjährigen Intersolar North America mir ihren nach UL 1703 zertifizierten kristallinen und Dünnschichtsolarmodulen.
(13.07.2010; www.bosch.de)

Vergangene Sachverhalte werden in Pressemitteilungen mit einer Zeitform der Vergangenheit dargestellt, nicht im historischen Präsens. In der Regel verwendet man im Leadsatz der Nachricht und oft im Einstiegssatz des Vorspanns das Perfekt (*ist zurückgekehrt, hat eröffnet*) und nicht das Präteritum (*kehrte zurück, eröffnete*). Das Präteritum wird zuweilen im fortführenden Text eingesetzt. Bei der Redekennzeichnungen arbeiten Sie meistens mit dem Präteritum (*sagte, führte aus* statt *hat gesagt, hat ausgeführt*), bisweilen aber auch mit dem Perfekt, wenn sie den Redevorgang unterstreichen wollen (*Die Katholische Arbeitnehmer-Bewegung hat Familien aufgefordert, ...*).

Vorzeitigkeit gegenüber dem vergangenen Geschehen muss im Plusquamperfekt (Vorvergangenheit) wiedergegeben werden, wenn es sonst zu Missverständnissen kommen kann. Zwar wird diese Zeitform in der gesprochenen Sprache immer seltener verwendet – in Pressemitteilungen ist sie jedoch erforderlich, um eindeutige Bezüge zwischen Sachverhalten herzustellen.

Im Mannheimer Werk XX des Unternehmens Y kam es gestern zu einer Verpuffung. Handwerker einer Leihfirma ...

Variante 1:
... beachteten bei Reparaturarbeiten die Sicherheitsvorkehrungen nicht ausreichend. (Falscher Zeitbezug erweckt den Eindruck, das Verpuffen und das Fehlverhalten hätten gleichzeitig stattgefunden, doch der Fehler der Handwerker, also menschliches Verschulden, hat zu der Verpuffung geführt.)

Variante 2:
... hatten bei Reparaturarbeiten die Sicherheitsvorkehrungen nicht ausreichend beachtet. (Richtiger Zeitbezug, da erst das Fehlverhalten stattgefunden hat, bevor es zu der Verpuffung kam. So macht der korrekte Einsatz der Vorzeitigkeit auch die Kausalität des Sachverhalts deutlich.)

Zukünftiges ist sprachlich eindeutig als solches mittels des Futurs zu kennzeichnen (*Der Vorstandsvorsitzende XY wird nach Spanien reisen*). In Verbindung mit einem Adverb, das auf die Zukunft verweist und eine zeitliche Nähe ausdrückt, ist das Präsens möglich (*Franz Müller trifft bereits am heutigen Vormittag ein*). Ferner kann das Futur durch gleichwertige oder semantisch ähnliche Verben (*sollen, wollen*) mit Infinitiv vertreten werden (*Der Aufsichtsrat der XY-Bank will schon bald eine Entscheidung treffen*). In der Zukunft Abgeschlossenes wird nicht – wie in der Umgangssprache – einfach mit dem Perfekt dargestellt (*das ist morgen erledigt*), sondern in der Regel mit dem Futur II (*Der Untersuchungsausschuss wird voraussichtlich Ende Dezember alle Unterlagen geprüft haben*).

7.7 Substantivstil macht Texte unattraktiv

Die deutsche Sprache tendiert zum Substantivstil: In deutschen Sätzen finden sich viele Substantive (Hauptwörter), aber nur wenige Verben, von denen die meisten zudem Hilfsverben sind (*sein, haben*). Die Kritik an den Substantiven muss man jedoch relativieren. Sie dürfen durchaus Substantive in Texten verwenden, solange diese – wie es die Aufgabe dieser Wortsorte ist – Dinge benennen: *Maschine, Produktionsstraße, Werksgelände*. Kritisiert wird der Einsatz von Substantiven nur dann, wenn verbale Ideen – also Handlungen – mit einem Substantiv anstatt mit einem Verb ausgedrückt werden: Plötzlich *fragen* Menschen nicht mehr, sondern *führen eine Befragung durch*, Politiker *beschließen* nicht, sondern *fassen einen Beschluss*, der Teamchef *schlägt nicht vor*, sondern *unterbreitet einen Vorschlag* und ein Konzept wird nicht mehr *geändert*, sondern *erfährt eine Änderung*. Der Substantivstil ist charakteristisch für den Beamtenstil und das Juristendeutsch. Zunehmend findet er sich auch in PR-Texten und in den Medien. Texte mit vielen Verben sind aber meistens verständlicher, konkreter, lebendiger und unterhaltsamer zu lesen. Darum sollten Sie in Ihren Pressemitteilungen so viele Verben wie möglich verwenden. Sie sollten vor allem Substantive mit der Endung *-ung, -heit, -keit* vermeiden. Dies sind substantivierte Verben, also aus Verben abgeleitete Substantive wie *befragen – Befragung, erheben – Erhebung, befangen – Befangenheit* und charakteristisch für den ungeliebten Substantivstil. Stilistisch unschön und sehr schwer zu verstehen sind Substantivketten, also wenn sich mehrere Substantive aneinander reihen und das Verb zumeist erst am Satzende steht:

> Zur Sicherstellung der Inbetriebnahme der Werkshalle wurden im Rahmen der abschließenden Sicherheitskontrolle weitere Löschvorrichtungen angebracht.

Vor allem in Pressemitteilungen von Verwaltungen sind Substantivketten häufig zu finden, da sie zumeist aus den Vorlagen übernommen werden. Wer für Rathäuser, Landratsämter oder Minister Pressemitteilungen schreibt, muss aus Verwaltungstexten unbedingt attraktive PR-Texte machen.

Negativbeispiel:	Besser ist:
Der Konzeption des Amtes für öffentliche Ordnung zur Verhinderung einer Ausbreitung weiterer schlossplatztypischer Lokale in anderen Stadtgebieten hat jetzt auch der Wirtschaftsausschuss zugestimmt.	Lokale, wie sie für den Schlossplatz typisch sind, sollen sich nicht auch in anderen Stadtgebieten ansiedeln. Der Wirtschaftsausschuss hat jetzt ebenfalls einem entsprechenden Konzept des Amtes für öffentliche Ordnung zugestimmt.

7.8 Mehr Aktiv als Passiv verwenden

Das Passiv erlaubt es, Sätze ohne handelnde Subjekte (zum Beispiel Personen, Unternehmen oder Institutionen) zu verfassen. Folglich beantworten Passivsätze nicht die Wer-Frage und teilen nicht mit, wer gehandelt hat.

Aktiv	Passiv
Das Unternehmen XY **steigerte** seinen Umsatz.	Der Umsatz **wurde gesteigert**.
Das Subjekt benennt die handelnde Institution (*das Unternehmen*). Der Satz beantwortet die Wer-Frage.	Es fehlt ein handelndes Subjekt (*das Unternehmen*). Die Wer-Frage kann nicht beantwortet werden.

Das Passiv ist charakteristisch für die unpersönliche, steife Verwaltungssprache. Verwenden Sie es nicht in PR-Texten, damit diese lebendig und attraktiv zu lesen sind. Zudem sollen Pressemitteilungen die relevanten W-Fragen beantworten, die Wer-Frage gehört fast immer dazu. Infolge des Passivs weisen Texte viele Hilfsverben und komplizierte Verbkonstruktionen (Hilfsverb und Partizip des Verbs: *wurde gesteigert*) auf. Oft verursacht es auch lange Sätze mit einem komplizierten Satzbau und dem Verb am Satzende. Daher warnen Stilratgeber vor dem Passiv.

Auch wenn Sie auf jeden Fall so oft wie möglich aktive Sätze bilden sollten, ist diese Regel zu relativieren. Trotz der genannten Nachteile kann es durchaus sinnvoll sein, hin und wieder mit dem Passiv zu arbeiten. Die handelnde Person oder Institution nicht zu benennen, ist sinnvoll in folgenden Situationen:

- Die Handlung oder das Ergebnis ist wichtig, nicht der Akteur.

Die ist zum Beispiel der Fall, wenn ein Herstellungsverfahren oder ein wissenschaftlicher Versuch beschrieben wird.

- Die handelnde Person oder Institution wurde bereits mehrfach genannt.

In diesen Fällen können Sie das Passiv verwenden, um Wortwiederholungen zu vermeiden. Jedoch müssen Sie sicherstellen, dass eindeutig ist, welche Person Sie meinen.

- Die handelnde Person ist unbekannt oder nicht exakt zu bestimmen.

Vermutlich ist dann der Sachverhalt wichtiger als die handelnde Person – und Sie können getrost das Passiv verwenden.

- Die handelnden Personen sollen geschützt werden.

In Konfliktsituationen kann es durchaus sinnvoll sein, das Passiv zu verwenden. Wenn etwa ein Mitarbeiter eine Maschine falsch bedient hat und dadurch gefährliche Dämpfe freigesetzt wurden, dann muss eine seriös arbeitende PR-Abteilung diesen Vorfall zwar kommunizieren, doch zugleich den Mitarbeiter gegenüber der Öffentlichkeit schützen und ihn nicht namentlich in der Pressemitteilung erwähnen.

- Die Pressemitteilung informiert über einen negativen Aspekt.

Tipps für Sprache und Stil

Immer wieder müssen PR-Autoren unschöne Wahrheit mitteilen, zum Beispiel Entlassungen von Mitarbeitern oder eine enttäuschende Entwicklung des Umsatzes. Aus strategischen Gründen kann es dann sinnvoll sein, den negativen Sachverhalt und das Unternehmen nicht in ein und demselben Satz zu erwähnen, damit sich diese Verbindungen nicht zu stark im Gedächtnis der Leser einprägen. Wenn Sie hingegen einen positiven Aspekt mitteilen oder über einen Erfolg des Unternehmens informieren, dann sollten Sie nie das Passiv verwenden, sondern stets in einem Aktivsatz die positive Nachricht mit dem Unternehmensnamen verbinden.

Es gibt also durchaus Fälle, in denen Sie das Aktiv nicht verwenden sollen oder müssen. Dann können Sie entweder das Passiv wählen oder aber eine unpersönliche Variante, die ohne Handlungsträger eine passivische Idee ausdrückt und Ihnen zugleich eine stilistische Vielfalt ermöglich, vorausgesetzt der gewählte Satz entspricht Ihrer Aussageabsicht.

Satz im Aktiv:

> Das Unternehmen **löste das Problem** mit einer neuen Marketingstrategie.

Passivische oder unpersönliche Ausdrucksmöglichkeiten:

> Das Problem **wurde** durch eine neue Marketingstrategie **gelöst**.
> Das Problem **konnte** dank einer neuen Marketingstrategie **gelöst werden**.
> Das Problem **löste man** dank einer neuen Marketingstrategie.
> Das Problem **lässt sich** mit einer neuen Marketingstrategie **lösen**.
> Das Problem **ist** mit einer neuen Marketingstrategie **zu lösen**.
> Das Problem **ist** mit einer neuen Marketingstrategie **lösbar**.

7.9 Zitieren und indirekte Rede mit dem Konjunktiv

Wer Pressemitteilungen schreibt, teilt oft mit, was andere gesagt haben, zum Beispiel wie der Vorstandsvorsitzende die wirtschaftliche Entwicklung in Asien einschätzt, welche Vorzüge ein neues Produkt hat oder welche neuen Erkenntnisse in der Krebstherapie für Patienten hilfreich sein können. Darum ist es unabdingbar, die direkte und indirekte Redewiedergabe perfekt anzuwenden.

Wenn Sie eine Äußerung im Wortlaut wiedergeben, dann müssen Sie dies in der direkten Rede tun. Sie setzen das korrekt wiedergegebene Zitat in Anführungszeichen, nennen die Quelle und verbinden beides mit einem Verb der Redekennzeichnung, zum Beispiel *sagen, meinen, mitteilen*.

„Wer in Krisenzeiten seine Forschung zurückfährt, verpasst im Aufschwung den Anschluss", begründete Dr. Andreas Kreimeyer, Vorsitzender des Ausschusses Forschung, Wissenschaft und Bildung im Verband der Chemischen Industrie (VCI), vor der Presse in Frankfurt das Engagement der Branche.
(Pressemitteilung Verband der Chemischen Industrie, 26.8.2010)

Geben Sie die Äußerung eines anderen in eigenen Worten wieder, spricht man von *indirekter Rede* oder *indirekter Redewiedergabe*. Sie verwenden dann keine Anführungszeichen, doch müssen Sie ebenfalls eindeutig mitteilen, dass Sie fremdes Gedankengut wiedergeben. Dies tun Sie ebenfalls durch die Quellenangaben und ein Verb der Redewiedergabe, zudem mittels des Konjunktivs I. Er wird ganz einfach gebildet: Für die 3. Person Singular streichen Sie vom Infinitiv des Verbs (Grundform) das *-n*: *sein → er sei, wissen → er wisse, planen → er plane*.

In Deutschland seien bessere industriepolitische Rahmenbedingungen notwendig. Es fehle beispielsweise an einer steuerlichen Forschungsförderung wie in anderen OECD-Ländern, kritisierte Kreimeyer.
(Pressemitteilung Verband der Chemischen Industrie, 26.8.2010)

Falls ein Satz aufgrund des Konjunktivs missverständlich sein kann, können Sie die indirekte Rede mit einer Würde-Konstruktion bilden, jedoch gilt dies als stilistisch unschön: *Die Entscheidungsträger würden gemeinsam das Bauprojekt begutachten, sagte Müller.* Wenn Sie die direkte Rede in die indirekte Rede überführen, dann müssen Sie nicht nur das Verb verändern (statt Indikativ verwenden Sie den Konjunktiv), sondern weitere Angleichungen vornehmen. Diese beziehen sich auf Personenbezeichnungen (*ich → er*), Raumangaben (*hier → dort* oder *Name des Ortes*) und Zeitangaben (*heute → am nächsten Tag* oder *das Datum nennen*).

In PR-Texten – ebenso wie in journalistischen Artikeln – ist der wichtigste Anwendungsbereich des Konjunktivs die indirekte Rede. Er wird häufig verwendet, da PR-Autoren nur selten alle relevanten Äußerungen komplett als Zitat und in der direkten Rede wiedergeben können. Sie

Tipps für Sprache und Stil

sollten es aber vermeiden, den Konjunktiv über weite Passagen einzusetzen, da er mühsam zu lesen ist. Um dies zu verhindern, wenden versierte PR-Autoren verschiedene Strategien an. Zum einen mischen sie direkte und indirekte Rede. Einem längeren Zitat folgt zum Beispiel eine Passage mit indirekter Rede und Konjunktiv. Sie verwenden aber auch sogenannte Ersatzformen für den Konjunktiv, zum Beispiel den Infinitiv mit *zu* (*Rektor Franz Müller freute sich, so viele neue Studierende zu begrüßen*) oder bilden Sätze mit einer Quellenangabe, die mit einer Präposition (*laut, nach, wie*) eingeführt wird (*Nach Müllers Aussage ...; Wie der Vorstandssprecher deutlich machte, ...*).

7.10 Kurze, verständliche Sätze formulieren

Sätze, die länger sind als in der gesprochenen Sprache, gehören zum Wesen der geschriebenen Sprache und sind auch in vielen Pressemitteilungen zu finden. Gleichwohl sollten Sie folgende Aspekte bedenken: Kurze Sätze sind immer verständlicher als lange, verschachtelte Sätze – unabhängig vom Inhalt. Bei kurzen Texten kann sich der Leser ausschließlich auf den Inhalt konzentrieren und wird nicht von der komplizierten Satzstruktur abgelenkt.

Zudem kann ein Autor nur dann einen kurzen Satz formulieren, wenn er genau weiß, was er mitteilen möchte. Anders ausgedrückt: Hinter langen Sätzen können Autoren die eigene Unwissenheit verstecken, hinter kurzen Sätzen nicht. Darum setzen Journalisten und auch PR-Autoren lange, komplizierte Sätze bisweilen ein, wenn sie einen Aspekt selbst nicht genau verstanden haben oder nicht möchten, dass der Leser alles versteht. Dann verfassen sie zunächst einen ziemlich langen Schachtelsatz mit Einschüben und Nebensätzen, verwenden mehrfach das Passiv, garnieren das Ganze mit einigen Fremdwörtern – und fertig ist der unverständliche Satz.

Lange, verschachtelte Sätze erschweren nicht nur die Verständlichkeit, sondern ziehen auch Fehler nach sich. Wie oft stimmen in langen Sätzen die Endungen der Wörter nicht überein, werden Passiv und Aktiv gemischt oder ein falscher Kasus verwendet? Vor allem ungeübte Autoren sollten auch aus diesem Grund lange Sätze vermeiden. Nichts ist peinlicher, als einen fehlerhaften Text an die Presse zu reichen.

Bitte vermeiden Sie Schachtelsätze wie den folgenden:	Formulieren Sie mehrere kurze Sätze mit je einer Aussage:
Bei einem Verkehrsunfall, in den eine Straßenbahn der Stadtwerke verwickelt war, die am Mittwochmorgen in Mannheim mit einem Pkw zusammenstieß, wurden drei Personen leicht verletzt und ein Sachschaden von 50.000 Euro verursacht.	Eine Straßenbahn der Stadtwerke ist am Mittwoch in Mannheim mit einem Pkw zusammengestoßen. Drei Personen erlitten leichte Verletzungen. Es entstand ein Sachschaden von 50.000 Euro.

Idealerweise sollten Sie kürzere und längere Sätze abwechselnd verwenden. Die Sätze sollten zudem eine klare Struktur aufweisen und überschaubar sein. Schreiben Sie auf jeden Fall mehr kurze als lange Sätze! Schachtelsätze sollten die Ausnahme sein – und am besten ganz fehlen. Verfassen Sie vor allem Hauptsätze. Verbinden Sie zwei Hauptsätze miteinander oder kombinieren Sie einen Hauptsatz mit einem Nebensatz. Dieser sollte an den Hauptsatz angehängt sein, diesen ergänzen, erläutern oder weitere Details nennen. Wie abwechslungsreich und verständlich sich eine Textpassage liest, die ausschließlich Hauptsätze aneinanderfügt, zeigt das folgende Beispiel:

Mit rund 10.000 Auszubildenden und Studenten ist Siemens einer der größten privaten Ausbildungsbetriebe in Deutschland. 2.300 Schulabsolventen starten nun im Herbst 2010 ihre Ausbildung an rund 40 verschiedenen Standorten des Unternehmens. Erneut wurden alle Ausbildungsplätze besetzt. (...)
(Pressemitteilung von Siemens, 26.8.2010)

Erspart bleiben sollen Ihnen Ausführungen dazu, was ein langer Satz ist. Es ist unnötig, Wörter, Silben oder Anschläge zu zählen, wie dies manche Stilratgeber empfehlen. Stattdessen sollten Sie einen seit Jahren erprobten Tipp befolgen: Schreiben Sie pro Satz eine Aussage. Jede neue Aussage gehört in einen neuen Satz. Wenn Sie diesen Tipp beherzigen, dann können Sie keine komplizierten Sätze schreiben. Schachtelsätze entstehen nämlich dadurch, dass Sie mehrere Aussagen ineinander schieben, anstatt sie nacheinander mitzuteilen.

7.11 Entlasten Sie die Satzklammer

Stehen Subjekt (das wichtigste Hauptwort im Satz) und Prädikat (das wichtigste Verb im Satz) eng beieinander, kann der Leser die Bezüge im Satz gut erkennen – und den Satz schnell verstehen. Stehen Subjekt und Prädikat aber weit voneinander entfernt – das Subjekt am Anfang und das Verb am Ende des Satzes –, so spricht man von einer Satzklammer. So gebaute Sätze sind oft schwer zu verstehen, da sie vom Leser eine große kognitive Leistung erfordern. Er muss sich während des Lesens alle Fakten merken und erkennt erst am Satzende dank des Prädikats die Zusammenhänge. So erfährt der Leser des folgenden Beispiels erst am Ende des Satzes, was mit der *Umgestaltung des Konzerns* geschieht – sie *wurde fortgesetzt*.

> Die Umgestaltung des Konzerns, die den Verkauf unrentabler Tochtergesellschaften, die Konzentration auf das Kerngeschäft und die Straffung von Arbeitsprozessen vorsieht, wurde verstärkt fortgesetzt.

Die Satzklammer ist oft eine Folge von zweiteiligen Verben, also von verbalen Verbindungen, die aus einem Hilfsverb und einem Partizip bestehen, wie beim Passiv (*wurde verbessert, ist beendet*) oder Perfekt (*hat sich entwickelt*). Bei einem zweiteiligen Verb sollte die sogenannte verbale Satzklammer möglichst klein sein, damit der Leser nicht erst am Ende des Satzes erfährt, was Sie ihm über das Subjekt mitteilen.

Negativbeispiel:	Schon besser:
Das Unternehmen hat im laufenden Geschäftsjahr, nachdem es zuvor die Marketingaktivitäten intensiviert hatte, die Zahl der Seminare erhöht.	Im laufenden Geschäftsjahr hat das Unternehmen die Zahl der Seminare erhöht; nachdem es zuvor die Marketingaktivitäten intensiviert hatte.

7.12 Haupt- und Nebensätze geschickt einsetzen

Bitte beachten Sie beim Schreiben Ihrer Pressemitteilung die grammatikalischen Bestimmungen zu Haupt- und Nebensätzen. Ihnen zufolge gehören Hauptaussagen in Hauptsätze und nicht ganz so relevante Aspekte in die weniger wichtigen Nebensätze.

> Ergänzt werden diese Ausbildungsberufe durch duale Studiengänge an ausgewählten Hochschulen, in denen sich die akademische Qualifikation und die betriebliche Praxis verbinden lassen.
> (Pressemitteilung von Siemens, 26.8.2010)

Wenn Sie diese Regel beachten, können Ihre Leser sofort zwischen wichtigen Aussagen und weniger wichtigen Ergänzungen unterscheiden. So helfen Sie ihnen, Aspekte richtig einzuordnen und bieten ihnen Orientierungshilfen beim Lesen. Damit erfüllen Sie zugleich eine wichtige Aufgabe als PR-Autor: Es liegt in Ihrer Verantwortung, den Lesern Ihrer Pressemitteilung mitzuteilen, welche unternehmerischen Entwicklungen wichtig sind, welche spannenden Ereignisse gerade stattfinden und welche Relevanz die neuen Produkte für das Unternehmen haben.

Ein häufiges Phänomen beim falschen Einsatz von Haupt- und Nebensätzen sind inhaltsleere Hauptsätze, die mit Dass-Nebensätzen eingeleitet werden. In diesen Nebensätzen wird die Hauptinformation mitgeteilt, in dem – wichtigen – Hauptsatz findet sich hingegen nur ein nebensächlicher Aspekt. Einige Beispiele:

> Die Befragung ergab, dass ... Es liegt nahe, dass ... Das bedeutet, dass ... Es ist wahrscheinlich, dass ... Hieran lässt sich erkennen, dass ... Dies zeigt deutlich, dass ...

Dieses Problem lässt sich leicht beheben: Vermeiden Sie Dass-Konstruktionen, welche die Hauptaussagen in Nebensätze schieben. Dies gelingt Ihnen, indem Sie ein anderes Wort verwenden, zum Beispiel ein Adverb oder Verb: *Es ist sicher, dass ...* → *... wird sicher ...; Es ist positiv, dass ...* → *... ist positiv.*

Nutzen Sie auch den Doppelpunkt, um zwei Hauptsätze zu bilden und diese miteinander zu verbinden.

> Folgendes wurde auf der Teamsitzung vereinbart: ...(Hauptsatz folgt).
>
> Die Kernbotschaften an die neue Zielgruppe sind: ... (Hauptsatz folgt).

Tipps für Sprache und Stil

Ebenfalls sinnvoll kann es sein, mit Aufzählungszeichen zu arbeiten. Diese sind vor allem gut in Onlinetexten zu verwenden. Das folgende Beispiel soll diese Möglichkeiten veranschaulichen:

> Folgende Maßnamen führte die Unternehmensleitung im Jahr 2010 erfolgreich ein:
> - Monatliche Teamsitzungen für alle Abteilungen, auch in den Tochtergesellschaften,
> - Lehrlingstreffen monatlich mit Ausbilder und vierteljährlich ohne Ausbilder,
> - Mitarbeiterbefragung (alle zwei Jahre),
> - Betriebliches Vorschlagswesen.

7.13 Zentrale Aussagen im Satz richtig platzieren

Der Satzanfang wird von Lesern aufmerksamer wahrgenommen als die Satzmitte oder das Satzende. Darum sollten Sie zentrale Aussagen stets an den Satzanfang stellen. Beginnen Sie Ihre Sätze möglichst oft mit einem Hauptsatz, oder stellen Sie maximal einen Nebensatz Ihrem Hauptsatz voran – das erleichtert dem Leser das Verstehen des Textes. Außerdem signalisieren Sie Ihrem Leser so, welche Aspekte wichtig sind und welche Aspekte die Hauptaussage nur ergänzen.

Nicht immer ist es möglich oder sinnvoll, einen Nebensatz nach hinten zu ziehen. Dies ist der Fall, wenn sich dadurch der Fokus verändert und der neue Satz anders interpretiert werden kann. Wenn Sie beispielsweise eine Motivation oder Begründung hervorheben möchten, kann es durchaus sinnvoll sein, mit einem Nebensatz zu beginnen.

Um die Abläufe in der Pflege zu optimieren und noch stärker auf die Patienten abzustimmen, hat die Unternehmensleitung in der neurologischen Abteilung Bereichsleitungen eingestellt.	Die Unternehmensleitung hat in der neurologischen Abteilung Bereichsleitungen eingestellt, um die Abläufe in der Pflege zu optimieren und noch stärker auf die Patienten abzustimmen.
Die **Motivation** steht im Fokus, nicht die Handlung. Darum können Sie mit dem Nebensatz beginnen.	Die **Handlung** steht im Fokus der Aufmerksamkeit, nicht die Gründe dafür.
Warum?	**Was?**

8 Redigieren: Einen Text überarbeiten und optimieren

Viele Journalisten, PR-Autoren und Verfasser anderer Texte glauben, dass ein Text fertig ist, sobald er geschrieben ist. Sitzen Sie nie diesem Irrtum auf! Wenn ein Text geschrieben ist, haben Sie erst die Hälfte des Weges zurückgelegt. Viele wichtige Arbeitsschritte müssen Sie noch erledigen. Aus dem journalistischen Kontext hat sich hierfür der Begriff des Redigierens eingebürgert. Die grundsätzliche Aufgabe dieses Arbeitsschrittes ist es, Fehler jeglicher Art und stilistische Mängel zu beheben und die Texte an das jeweilige Medium und dessen Zielgruppe anzupassen. Redigieren ist somit die letzte Kontrolle, bevor ein Text veröffentlicht wird.

Wer Pressemitteilungen von sich oder anderen Autoren redigiert, muss verschiedene Aspekte berücksichtigen und prüfen. Die wichtigsten werden Ihnen in diesem Kapitel vorgestellt.

8.1 Vorgaben des Unternehmens

Jedes Unternehmen hat Vorgaben für die Public Relations und die unternehmenseigene Kommunikation. Dies sind zum Beispiel Richtlinien für die Gestaltung von Druck- und Onlinemedien hinsichtlich des unternehmenseigenen Corporate Designs, die meistens das gesamte Layout betreffen, also das Logo, die Schriftart und -größe, die Textlänge sowie den Zeilenabstand oder Farb- und Gestaltungselemente. Unternehmen haben bisweilen auch Sprachregelungen hinsichtlich eines Corporate Identity Wording, die unbedingt eingehalten werden müssen. Wenn beispielsweise ein Betreiber von Krankenhäusern die *Patienten* als *Kunden* bezeichnet oder eine *Krankenkasse* als *Gesundheitskasse* tituliert werden möchte, dann müssen PR-Autoren beim Redigieren die korrekte Umsetzung solcher Sprachregelungen kontrollieren.

Zu unternehmensspezifischen Vorgaben gehört auch die Konzeption des jeweiligen Textes oder Mediums. Hierbei gilt es zu prüfen: Soll eine Pressemitteilung besondere Aufgaben oder strategische Ziele erfüllen?

Was muss beachtet werden, damit sie sich gut in die integrierte Kommunikation des Unternehmens einfügt? Gibt es andere konzeptionelle Aspekte zu berücksichtigen?

8.2 Die Zielgruppe: Interesse und Vorwissen

Falls ein Autor noch nicht beim Schreiben die Zielgruppe und deren Interessen sowie Vorwissen ausreichend berücksichtigt hat, so müssen Sie diese Leistung unbedingt erbringen, wenn Sie den Text redigieren. Ob eine Pressemitteilung die Interessen der potenziellen Leser erfüllt, prüfen Sie am besten anhand der Nachrichtenfaktoren, der W-Fragen sowie anhand Ihrer Kenntnisse über die Zielgruppe.

Ferner gilt es zu prüfen, ob eine Pressemitteilung für die Zielgruppe verständlich ist. Richtet sich eine Pressemitteilung an eine breite, unspezifische Leserschaft und somit an die Tagespresse, muss sie allgemein verständlich und thematisch breit angelegt sein. Hinsichtlich des Verständnisses lässt sich folgende Faustregel formulieren: Je geringer das Vorwissen der Leser ist, umso weniger deutsche und fremdsprachige Fachbegriffe oder Fremdwörter sollte ein Text aufweisen und umso wichtiger ist es, dass Sie die vorhandenen übersetzen oder erklären.

Redigieren Sie hingegen eine Pressemitteilung für die Fachpresse, zum Beispiel für Wirtschaftsmedien oder medizinische Fachzeitschriften, so sollten die Fachbegriffe verwendet werden, die in der jeweiligen Branche üblich sind. Sie zu vermeiden oder gar zu erklären erübrigt sich. Einem Arzt müssen Sie in einer Pressemitteilung nicht erklären, was *abdominalis* oder *Nodus* bedeutet, kein Finanzexperte benötigt eine Definition der Begriffe *Umsatzverbriefung*, *Zwischenverwahrung* oder *Abgabenquote*.

8.3 Die richtige Länge des Textes

Wer heute kursierende Pressemitteilungen betrachtet, kann den Eindruck gewinnen, dass die Länge ein unerhebliches Kriterium sei. Dies ist aber nicht der Fall. Nach wie vor gilt die Regel: Eine Seite ist ideal, wichtige Ereignisse dürften zwei Seiten lang sein. Da die Texte in den Medien selbst immer kürzer geworden sind, ergibt es wenig Sinn, dass die meisten Pressemitteilungen zu lang sind, um veröffentlicht zu werden. Verfassen Sie darum kurze Texte – und spätestens beim Redigieren sollten Sie prüfen, ob die Textlänge angemessen ist. Als Faustregel gilt: Je interessanter das Thema der Pressemitteilung für das Unternehmen und die anvisierte Zielgruppe ist, umso länger darf ein Text sein. Zudem sollten Textsorte und Länge der Pressemitteilung übereinstimmen. Jede PR-Abteilung sollte eigene, zum Unternehmen und der Branche passende Vorgaben für die Länge von Pressemitteilungen für die verschiedenen Themen erarbeiten. Zum Beispiel eine Personalmeldung über eine Person in der mittleren Führungsebene umfasst maximal 10 Zeilen à 60 Anschläge (oder 600 Zeichen), über einen personellen Wechsel im Vorstand jedoch 40 bis 60 Zeilen à 60 Anschläge (also circa 2400 bis 3600 Zeichen).

Entsprechen Pressemitteilungen nicht diesen Vorgaben, müssen Sie diese entsprechend redigieren, sie entweder kürzen oder verlängern. Je mehr gekürzt werden muss, umso wichtiger ist es, Textpassagen zu streichen, zum Beispiel einzelne Wörter, Sätze oder sogar Absätze. Suchen Sie zunächst nach Wortwiederholungen und Füllwörtern, nach Sätzen und Absätzen mit redundanten Aussagen. Auch kann es sinnvoll sein, eine Zwischenüberschrift zu streichen.

Müssen Sie nur wenige Zeilen kürzen, können Sie oft den Inhalt eines Textes durch folgende Arbeitsschritte erhalten: Absätze zusammenziehen und so Leerzeilen entfernen, Füllwörter und Wiederholungen löschen und lange Wörter durch kurze ersetzen, zum Beispiel *ausschließlich* wird zu *nur* und in *naher Zukunft* zu *bald*.

Ist ein Text zu kurz, was meiner Beobachtung nach bei Pressemitteilungen selten ist, dann sollten Sie einzelne Aspekte ergänzen. PR-Autoren können hin und wieder in älteren Pressemitteilungen fündig werden und Textpassagen oder Formulierungen aus diesen in ihren aktuellen Text kopieren. Müssen Sie nur ein bis zwei Zeilen ergänzen, dann können Sie dies oft tun, ohne den Text inhaltlich zu verändern: Sie ersetzen kurze Wörter durch lange, ergänzen eine Zwischenüberschrift, machen aus einem Absatz zwei und trennen diese durch eine Leerzeile, nennen eine Person trotz mehrfacher Nennung nicht nur mit dem kurzen Nachnamen, sondern mit Vor- und Nachnamen und der vollständigen Bezeichnung der Position.

Ein Tipp: Bevor Sie einen Text kürzen oder verlängern, sollten Sie genau prüfen, ob stilistische Änderungen ausreichen oder ob Sie den Text inhaltlich ändern müssen. Im ersten Fall geht das Überarbeiten zumeist sehr schnell. Sie benötigen wenig Kenntnis über den Inhalt des Textes und müssen die Pressemitteilung nicht zwingend erneut einem Vorgesetzten oder dem Verfasser vorlegen. Hingegen können Sie inhaltliche Änderungen nur vornehmen, wenn Sie sich gut im Thema des zu redigierenden Textes auskennen, sie ihn selbst verfasst haben oder die relevanten Personen ihn noch nicht freigegeben haben. Wenn also ein Ingenieur eine Pressemitteilung über eine neue Entwicklung in seiner Abteilung verfasst hat, dann müssen Sie vermutlich den Text stark redigieren, damit er den PR-Vorgaben Ihres Unternehmens und den Erwartungen der Journalisten entspricht. Vergessen Sie danach aber nicht, ihn dem Autor zur Autorisierung vorzulegen und sich mit ihm hinsichtlich der Änderungen zu einigen. Tun Sie dies nicht, dann wird er vermutlich nie mehr eine Pressemitteilung für Sie verfassen.

8.4 Prüfen von Inhalt und Aufbau

Bevor eine Pressemitteilung veröffentlicht wird, müssen deren Inhalt und Textaufbau ein letztes Mal geprüft werden. Zunächst müssen Sie sicherstellen, dass alle Aussagen korrekt sind. Sachfehler sind spätestens jetzt zu korrigieren. Bitte tragen Sie beim Redigieren auch dafür Sorge, dass jede Pressemitteilung juristisch einwandfrei das Haus verlässt. Da dies kein juristisches Fachbuch ist, können nur einige häufige Gefahren angesprochen werden. Im Zweifelsfall sollten Sie stets fachlichen Rat einholen.

Gesetzliche Fragen spielen in den verschiedenen Branchen eine unterschiedliche Rolle. Juristische Grundkenntnisse benötigen Sie beispielsweise in der Finanzkommunikation, die oft gesetzliche Vorgaben tangiert, zum Beispiel wettbewerbsrechtliche Fragen oder das Aktiengesetz. Auch die PR für Pharmakonzerne und das Gesundheitswesen, die Tabakindustrie oder bestimmte Berufsgruppen wie Ärzte oder Rechtsanwälte berührt oft juristisch relevante Aspekte. Hingegen sehen sich Kulturreferenten oder PR-Autoren mittelständischer Zulieferfirmen nur selten mit Gesetzesfragen konfrontiert.

Ein weiterer Arbeitsschritt beim Redigieren des Inhalts: Bitte prüfen Sie die Plausibilität und Glaubwürdigkeit aller Aussagen. Ist der Text so geschrieben, dass der Leser ihn nachvollziehen und glauben kann? Ergeben die Aussagen einen Sinn? Sind die Relevanzen so gesetzt, dass sie dem Leser einleuchten? Ist der Text zu werblich und dadurch wenig glaubwürdig, so dass er neutraler oder journalistischer werden muss? Dies sind einige der Fragen, die Sie sich stellen sollten. Bitte seien Sie dabei selbstkritisch und auch kritisch gegenüber Ihrem Unternehmen.

Ferner sollten Sie prüfen, ob die Pressemitteilung eine logische Reihenfolge der Absätze und ein sinnvolles Zusammenspiel der verschiedenen Texteinheiten bietet: Stehen die wichtigsten Aspekte tatsächlich im Vorspann? Ist ein szenischer Vorspann angemessen? Ist das Prinzip der abnehmenden Wichtigkeit eingehalten? Bildet jeder Absatz eine eigene Sinneinheit? Passen Überschrift, Vorspann und Textaussage zusammen? Sind genügend Zwischenüberschriften vorhanden? Die Kontrolle von Gliederung und Textaufbau führen oft dazu, dass Sie den Vorspann oder die Überschrift stärker fokussieren und die Reihenfolge einzelner Absätze ändern müssen.

8.5 Sprache und Stil verbessern

Eine zentrale Aufgabe des Redigierens ist es, Sprache und Stil eines Textes zu kontrollieren und zu verbessern. Alle Rechtschreib- und Kommafehler müssen spätestens jetzt entfernt werden. Grundlage ist die neue Rechtschreibung. Jeder Text sollte aufmerksam Korrektur gelesen werden, am besten von mehreren Personen. Elektronische Rechtschreibprogramme sind zwar eine Hilfe, reichen aber als alleinige Kontrolle nicht aus. Zudem müssen Sie grammatikalische Fehler beheben. Achten Sie vor allem auf die Endungen der Wörter, die korrekte Zeitenfolge, Redewiedergabe und den Konjunktiv sowie auf Singular und Plural – bei diesen grammatikalischen Phänomenen schleichen sich häufig Fehler ein.

Beim Redigieren kontrollieren Sie ferner, ob alle stilistischen Vorgaben eingehalten wurden: Der Duktus muss der Textsorte entsprechen. Lange Sätze werden gekürzt, Wortwiederholungen und Redundanzen entfernt, Substantivketten gekürzt, anschauliche Verben statt nominaler Formulierungen verwendet und das Passiv wird oft durch Aktiv ersetzt.

Ferner sollten Sie prüfen, ob die Pressemitteilung für die Zielgruppe verständlich ist. Wurden Fachbegriffe und Abkürzungen entweder vermieden oder ausreichend erläutert? Weist der Text unschöne Formulierungen auf? Erschweren lange Schachtelsätze die Verständlichkeit? Setzt der Text zu viel Wissen voraus, zum Beispiel über Produkte oder das eigene Unternehmen? Weitere Aspekte, die Sie prüfen sollen, finden Sie im Kapitel *Tipps für Sprache und Stil* (s. Kap. 7).

Die Suche von Fehlern erstreckt sich auch auf korrekt wiedergegebene Details. Bitte vergessen Sie niemals Namen, Positionen oder Titel von Personen zu kontrollieren. Wer hier einen Fehler macht, riskiert große Probleme im Unternehmen.

Straßen werden oft unterschiedlich geschrieben, klingen aber ähnlich oder gleich. Bitte prüfen Sie diese deshalb aufmerksam. Heißt es *Bürgermeister-Kohler-Straße*, *Bürgermeister-Koller-Straße* oder *Bürgermeister-Koller-Weg*? Ortsangaben sollten Sie ebenfalls kontrollieren: Zu welchem Ort gehört ein Ortsteil? An welcher Autobahnausfahrt liegt das Werk XY?

Zahlen sind immer inhaltlich zu kontrollieren, was bisweilen eine nachträgliche Recherche in den Unterlagen oder der entsprechenden Fachabteilung erfordert. Als Faustregel gilt: Wenn Ihnen Kosten, Größenverhältnisse oder Sachverhalte merkwürdig erscheinen, sollten Sie diese stets überprüfen. Zudem sollten Sie die Schreibweise von Zahlen genauestens prüfen. Wie leicht ist eine Null mehr getippt oder ein Punkt verrutscht, sodass die neue Halle nicht *400.000 Euro*, sondern angeblich nur *40.000 Euro* gekostet hat.

Sollen Pressemitteilungen verstanden werden, dann müssen sie grammatikalisch korrekt sein. Bitte unterschätzen Sie nicht die Bedeutung der Grammatik für das Textverständnis. Wer nicht weiß, welche grammatikalischen Möglichkeiten welche Aussagen ermöglichen, bei dem schleichen sich Fehler oder missverständliche Formulierungen ein. Die Folge: Die Pressemitteilung beziehungsweise einzelne Passagen werden falsch oder gar nicht verstanden. Wer Pressemitteilungen oder andere PR-Texte verfasst, muss sich also eine Grammatik zulegen und bei Fragen auch diese konsultieren. So kann ein Satz völlig andere Bedeutungen haben, je nachdem, ob Sie Haupt- und Nebensatz mit *und*, *weil*, *nachdem*, *bevor* oder *worauf* verbinden.

8.6 Bilder oder Grafiken als Ergänzungen

Oft ergänzen Bilder oder Grafiken eine Pressemitteilung. Auch diese müssen Sie kontrollieren. Die Auswahl der Bilder und die jeweiligen Motive sollten ein letztes Mal überdacht werden. Bitte prüfen Sie auch, ob stets der richtige Bildtext ein Foto ergänzt. Wie leicht steht ein falscher

Bildtext bei einem Foto – und beschreibt Personen, die gar nicht zu sehen sind, oder nennt den falschen Namen zu dem abgebildeten Produkt. Solche Fehler sind in der Regel sehr schwerwiegend. Zum einen werden Sie im Unternehmen Schwierigkeiten bekommen: Die betreffende Person wird sich bei Ihnen oder Ihrem Vorgesetzten beschweren und Ihnen nie mehr ein Zitat liefern. Falls Sie einer Führungspersönlichkeit einen fehlerhaften Namen oder eine falsche Position zugesprochen haben, kann dies sogar eine Abmahnung nach sich ziehen. Die Medienvertreter hingegen werden Sie vermutlich als inkompetent und nicht vertrauenswürdig einstufen, was die zukünftige Zusammenarbeit erschweren dürfte.

Bitte stellen Sie ferner sicher, dass die fotografierten Personen einer Veröffentlichung zugestimmt haben. Ansonsten handeln Sie gegen das Gesetz, da sie die sogenannten Rechte Dritter nicht achten. Dies gilt übrigens auch für Mitarbeiter, es sei denn Personen aus der Führungsebene äußern sich öffentlich oder wissen, dass die Berichterstattung über sie Bestandteil ihrer Position ist.

Achten Sie zudem darauf, dass Ihr Unternehmen das Nutzungsrecht für alle Fotos und Grafiken besitzt, ansonsten kann es sehr teuer werden. Zudem kann es zu einem Imageschaden führen, wenn bekannt wird, dass ein Unternehmen Fotos unerlaubterweise veröffentlicht – und diese somit geklaut hat. Da Verlage diese Fotos veröffentlichen, werden in solchen Fällen zunächst die Redaktionen Schwierigkeiten bekommen – eine Katastrophe für jede Zusammenarbeit.

8.7 Tipps für das Redigieren und den Umgang mit Fehlern

Bevor Sie einen eigenen oder fremden Text überarbeiten, sollten Sie ihn konzentriert von Anfang bis Ende lesen, damit Sie einen Eindruck von ihm gewinnen und erkennen können, was zu tun ist. Müssen Sie ihn kürzen, juristisch überprüfen lassen, inhaltlich korrigieren oder stilistisch stark überarbeiten? Erst nach Beantwortung dieser Fragen sollten Sie ihn überarbeiten.

Bei langen und wichtigen Texten sind mehrere Arbeitsschritte zu empfehlen: Bearbeiten Sie einen Text zunächst nur inhaltlich. Überarbeiten Sie dann seinen Stil und entfernen Sie danach alle Rechtschreib- und Grammatikfehler. Vergessen Sie nicht, alle veränderten Textstellen erneut Korrektur zu lesen. Denn oft ersetzt man einen Fehler durch einen anderen! Kontrollieren Sie vor allem den Inhalt und die Aussage des überarbeiteten Textes. Beides dürfen Sie beim Redigieren nicht verändern! Eine neutrale Darstellung darf nicht durch das Redigieren ins Positive oder Negative gewendet werden. Eine positiv bewertete Herausforderung darf nicht zu einem drohenden Problem werden.

Kontrollieren Sie jeden Fehler, den Sie ausmerzen wollen, in einem eigenen Arbeitsschritt. Ein Beispiel: Sie sind nicht fit in der neuen Rechtschreibung und in der Kommasetzung. Da Sie aber auf gar keinen Fall eine fehlerhafte Pressemitteilung versenden dürfen, konzentrieren Sie sich zunächst darauf, alle Rechtschreib- und Kommafehler zu entfernen. Bei den ersten Texten wird es hierfür nötig sein, dass Sie die Regeln in einem Rechtschreibwörterbuch nachschlagen und diese erlernen. Ferner haben Sie einen Hang zu langen Sätzen. Also ist ein Arbeitsschritt, lange Sätze in mehrere kurze zu verwandeln. Zudem „lieben" Sie Füllwörter. Da diese Wörter einen Text zumeist weder verfälschen noch unverständlich machen, ist dieser Arbeitsschritt nicht so wichtig – und Sie können ihn als letzten vornehmen; falls Sie in Zeitnot sind, können sie ihn auch weglassen.

Um Ihren Schreibstil konsequent zu verbessern, müssen Sie im Laufe der Zeit ein Gespür entwickeln, welche inhaltlichen oder stilistischen Schwächen Ihre Texte häufig aufweisen und welche die schwerwiegendsten sind. Diese sollten Sie in einer Liste erfassen und hinsichtlich ihrer Relevanz gewichten. Die schwerwiegendsten Schwächen stehen oben auf der Liste, die nicht so schlimmen in der Mitte und Ihre kleinen Schwächen bilden den Abschluss. Wenn Sie nun einen Text redigieren, kontrollieren Sie zunächst Ihre schlimmsten Schwächen, also Fehler oder stilistische Unschönheiten, die Ihre Pressemitteilung auf gar keinen Fall aufweisen soll. Wenn Sie nach einigen Wochen merken, dass Sie diese Fehler nicht mehr machen, dann können Sie sich um das nächste Stilproblem kümmern.

Das folgende Beispiel verdeutlicht, wie Ihnen diese Vorgehensweise helfen kann, Ihre Texte konsequent zu verbessern: Wenn Sie Füllwörter oft verwenden, dann sollten Sie einen Durchgang des Redigierens alleine der Suche nach diesen kleinen Wörter schenken und diese erfassen. Bei jedem Folgetext arbeiten Sie nach dem Schreiben mit der Suche-Funktion Ihres Computers, finden so die Füllwörter und können diese entfernen.

Sie werden merken: Schon nach einigen Wochen benötigen Sie diese Liste nicht mehr, da Sie Ihre „Lieblingsfüllwörter" gar nicht mehr verwenden. Dann können Sie sich dem nächsten Problem zuwenden, zum Beispiel den langen Sätzen oder dem zu häufigen Passivgebrauch.

Sie haben es wohl schon erkannt: Redigieren kann sehr zeitaufwändig sein, vor allem wenn man kein versierter Autor ist. Je mehr Texte Sie aber verfassen, je häufiger Sie redigieren und je intensiver Sie sich mit Ihren stilistischen und grammatikalischen Schwächen beschäftigen, umso besser werden Ihre Texte und umso weniger Zeit zum Redigieren benötigen Sie.

9 Die Pressemitteilung im Internet

Im Berufsalltag von PR-Fachleuten ist die Trennung zwischen Print und Internet schon seit einigen Jahren aufgehoben. Sie müssen beide Medien gleichermaßen bedienen und folglich Pressemitteilungen verfassen, die sowohl auf Papier als auch im Internet gut und ansprechend zu lesen sind. Wie macht man das? Haben sich die Regeln für Pressemitteilungen verändert, seitdem diese fast immer auch online angeboten werden, entweder per E-Mail-Versand oder als Download auf einer Website? Oder haben Onlinetexte gar einen eigenen Stil? Antworten auf diese Fragen finden Sie in diesem Kapitel.

9.1 Lesen am Bildschirm

Wer Internettexte verfasst, sollte sich zunächst vergegenwärtigen, wie sehr das Medium das Leseverhalten beeinflusst, denn dies hat weitreichende Folgen für das Verfassen von Texten (s. Kap. 9.2). Lesen am Bildschirm ist körperlich sehr anstrengend, vor allem für die Augen, die gegen eine Lichtquelle blicken müssen. Die immer besser werdenden Bildschirme und ihrer LED-Technologie können dieses Problem zwar verringern, aber nicht beheben. Arbeitsmediziner, vor allem Augenärzte, können ein Lied davon singen. So ist es kein Wunder, dass viele Menschen nicht gerne längere Zeit am Computer lesen, sondern sich umfangreiche Texte lieber ausdrucken. Darum müssen Onlinetexte kurz sein – auch diese Konsequenz stützt meine Kritik an den immer länger werdenden Pressemitteilungen (s. Kap. 4.2). Ferner müssen sie stets einfach ausgedruckt werden können, zum Beispiel durch Anklicken eines entsprechenden Buttons.

Das menschliche Gehirn verarbeitet online Gelesenes langsamer und schlechter als gedruckte Texte. Zudem kann es online gelesene Inhalte weniger gut behalten. Eine weitere Folge des Lesens am Bildschirm: Internetnutzer sind zumeist unkonzentriert und lesen schnell, häufig zu schnell. Selbst wenn sie Gefallen an einer Site gefunden haben, drosseln sie nur selten ihr Lesetempo. Anstatt aufmerksam Zeile für Zeile aufzunehmen, überfliegen sie die Texte, während sie zugleich mit der Maustaste nach unten scrollen. Dies lässt sich kaum noch als Lesen bezeichnen und darum sprechen Medienwissenschaftler vom Scannen, also dem hastigen Überfliegen der Seiten auf der Suche nach Interessantem.

Wer für das Internet schreibt, muss also alles tun, um das Lesen ebenso einfach wie angenehm zu gestalten und das Scannen von Texten zu unterbrechen. Informationen dazu finden Sie im folgenden Unterkapitel.

9.2 Schreiben für das Internet

Im Internet gilt das Gebot der Kürze. Dies betrifft zunächst einmal die Texte. Als ideal gilt eine Textlänge, die nicht länger als eine Monitoransicht ist. Nicht alle Leser machen sich die Mühe, die hinteren Textpassagen zu lesen. Der Umstand, dass fast alle Pressemitteilungen (auch) online gestellt werden, stützt ebenfalls meine Forderung, dass PR-Autoren darauf achten sollten, ihre Texte nicht zu lang zu halten.

Eine Pressemitteilung in Form einer Nachricht ist auf so engem Raum auf jeden Fall gut zu platzieren. Damit auch Berichte nicht „aus dem Blick" geraten, sollte man eine Zeilenlänge mit mehr als 40 Anschlägen wählen. Am besten sind circa 60 Anschläge. So können Sie eine ausreichende Menge Text je Monitoransicht präsentieren, ohne zugleich die Zeilen so lang zu gestalten, dass das Auge kaum mehr von der einen in die nächste Zeile springen kann.

Ferner empfiehlt es sich, Texte in Absätze zu untergliedern. Fünf bis sieben Zeilen gelten als ideale Länge. Die Absätze sollten eine Pressemitteilung zum einen optisch gliedern. Trennen Sie darum die verschiedenen Absätze mit einer Leerzeile voneinander, dann kann selbst der schnellste Onlineleser beim Scannen der Seite die Texteinheiten wahrnehmen. Zum anderen sollten Sie Absätze nutzen, um Ihre Texte inhaltlich zu gliedern. Die Regel hierzu lautet: Neuer Gedanke – neuer Absatz. Die Regeln für das modulare Schreiben von Absätzen (s. Kap. 4.6) lassen sich hervorragend für Onlinetexte verwenden, da Überleitungen zwischen Absätzen voraussetzen, dass Texte aufmerksam und komplett gelesen werden, damit der Leser die Zusammenhänge erfassen kann. Beides ist aber bei den Nutzern von Onlinemedien nur selten der Fall.

Das Gebot der Kürze

Die Sätze sollten ebenfalls kurz sein und zudem eine einfache Struktur aufweisen. Am besten schreiben Sie vornehmlich Hauptsätze, die Sie hin und wieder miteinander verbinden oder mit einem nachgestellten Nebensatz ergänzen. Vermeiden Sie Schachtelsätze. Auch wer das Aktiv verwendet, bietet zumeist eine einfache Satzstruktur. Nutzen Sie zudem viele Verben anstatt abstrakter Substantive (Hauptwörter) und vermeiden Sie die oft schwer verständlichen Substantivketten – auch dies erleichtert dem hastigen Leser die Lektüre.

Nicht nur Texte, Absätze und Sätze sollten kurz sein, sondern auch die Wörter selbst. Wir lesen nämlich leise genauso wie laut: Immer mit Betonung. Dies hilft uns, die Bedeutung eines Wortes zu erschließen. So kennen wir alle das Wort *be-inhalten*, aber wir verstehen es zunächst nicht, wenn es wie *bein-halten* gesprochen wird. Je länger und unbekannter ein Wort ist und je schneller wir lesen, umso leichter betonen wir es falsch und können es folglich weder erkennen noch verstehen. Wer Onlinetexte verfasst, sollte also darauf achten, dass er nur wenige lange Wörter verwendet. Die deutsche Grammatik bietet hierzu verschiedene Möglichkeiten. Man kann unnötige Silben streichen (*Zielsetzung* → *Ziel, Aufgabenstellung* → *Aufgabe*), eine andere Formulierung finden (*auf Grund von* → *wegen*), einen Bindestrich bei Wörtern mit fremdsprachigem Anteil einfügen (*Programmiersprachen-Konzepte, Software-Engineering, Software-Design*) oder die Zusammensetzung auflösen (*Lebensmitteluntersuchungsstelle* → *Untersuchungsstelle für Lebensmittel; Gesamtumsatzrabattkartellvertrag* → *Kartellvertrag über Gesamtumsatzrabatte*). Müssen Sie ein langes Wort verwenden, zum Beispiel weil es eingeführt ist oder die einzig richtige Schreibweise ist, dann müssen Sie es in einem kurzen Satz platzieren, damit der Text trotzdem leicht und schnell zu lesen ist.

Unkonzentrierte und unaufmerksame Leser

Onlinetexte werden zumeist unaufmerksam gelesen, weshalb für sie noch stärker als für Printtexte die Forderung nach Verständlichkeit gilt. Fremdwörter und Fachwörter sollten sich in ihnen nur sehr selten finden, am besten nur in Fachtexten, zum Beispiel medizinische Fachtermini in Pressemitteilungen eines Pharmakonzerns oder ökonomische Fachbegriffe in Pressetexten für Wirtschaftsjournalisten. Wer aber für ein breites Publikum schreibt, sollte besser deutsche Formulierungen anstatt Fremdwörter verwenden und Fachwörter vermeiden oder diese übersetzen, umschreiben beziehungsweise erklären, falls er nicht auf sie verzichten kann.

Wichtig ist zudem: Jeder Text muss überzeugen. Onlineleser gelten als ungeduldige Zeitgenossen. Wenn sie nach zwei Sekunden nicht von einer Website überzeugt sind, klicken sie weiter. Bereits die Überschrift und der erste Satz müssen überzeugen. Sich erst langsam warm schreiben, um den Leser im Verlauf der Pressemitteilung mit tollen Inhalten und stilistischen Pirouetten zu überraschen, ist auf jeden Fall die falsche Strategie.

Da Onlineleser die Texte zumeist scannen und kaum lesen, sollten Autoren mit Schlüsselwörtern arbeiten, die dem Leser ins Auge springen, seine Aufmerksamkeit wecken und das rasche Überfliegen des Textes stoppen. Die Überschrift, der Leadsatz in der Nachricht oder der Vorspann im Bericht sowie die Zwischenüberschriften sind die richtigen Stellen, um Schlüsselwörter zu platzieren.

Zwischenüberschriften ermöglichen zudem, Texte zu strukturieren und dem hastigen Leser kurze Sinneinheiten zu bieten. Sie dienen als Eye Catcher und unterbrechen das Scannen der Seiten. Im Idealfall erfährt der Onlinenutzer die zentralen Aussagen einer Pressemitteilung auch dann, wenn er nur die Überschrift und die Zwischenüberschriften liest. Diese Schreibstrategie hat sich als sinnvoll und wichtig für das Lesen von Onlinetexten herausgestellt. Selbst wenn ein Leser einen Text nur scannt, erfährt er doch die zentralen Aussagen.

Je länger ein Text ist, umso geringer ist die Chance, dass er bis zum Ende gelesen wird. Dies gilt seit jeher für gedruckte Medien und trifft noch stärker für das Internet zu. Darum sollten Onlinetexte nach dem Nachrichten-Prinzip verfasst werden: Die wichtigste Information steht im ersten Satz; je unwichtiger ein Aspekt ist, umso weiter hinten wird er erwähnt.

Neu für das Internet: Selbst kurze Texte, die den Leser interessieren, werden oft nur angelesen; dieses für Autoren sehr unerfreuliche Leseverhalten gilt auch für Journalisten. Teaser als kurze Anreißertexte, die von der Homepage oder der Startseite des Pressebereichs auf eine Pressemitteilung verlinken, sind daher sehr wichtig. Bereits sie müssen die PR-Information sowie den Leseanreiz für den Journalisten bieten. Ferner muss der Leser sofort erkennen können, was ihn erwartet, wenn er einen Link aktiviert, etwa der Geschäftsbericht als PDF-Dokument, eine Pressemitteilung in Form einer Nachricht oder eine kurze Meldung.

Von Lesepfaden und Links

Die verschiedenen Texte einer Homepage sind auf mehreren Ebenen miteinander verlinkt. Diese sogenannten Hypertexte gibt es nur im Internet. Sie sind häufig mit Bildern, animierten Grafiken, Infografiken, Audiodateien oder Archivmaterial verbunden. Dieses multimediale Informationsangebot spielt auch für PR-Abteilungen eine immer wichtigere Rolle, weshalb PR-Autoren gut daran tun, sich in diesem Bereich weiterzubilden.

Jeder Nutzer von Onlinemedien entscheidet entsprechend seiner Interessen, welche Links er anklickt und in welcher Reihenfolge er das Angebot nutzt. Er gestaltet sich also seinen Lesepfad selbst, wie es im Fachjargon heißt. Für PR-Autoren hat dies weitreichende Folge: Alle Textmodule – also alle Texte, die sie als eigene Datei anbieten – müssen so geschrieben sein, dass diese aus sich heraus verständlich sind. In anderen Textmodulen erwähnte Aspekte, die der Leser womöglich nicht kennt, da er diese Module nicht gelesen hat, können nicht als bekannt vorausgesetzt werden. Darum ist es zu empfehlen, Pressemitteilungen komplett online zu stellen, so wie es sich inzwischen durchgesetzt hat.

In den vergangenen Jahren haben sich Online- und Printtexte gegenseitig beeinflusst. Das junge Internet hat Anleihen von der alt bewährten Zeitung genommen. So hat es deren Regeln für das Verfassen von Nachrichten kopiert, zum Beispiel das Prinzip der abnehmenden Wichtigkeit und den nachrichtlichen Schreibstil. Die etablierten Medien wiederum haben sich vom Internet inspirieren lassen: So wurde der Leadsatz bei Nachrichten in den vergangenen Jahrzehnten kürzer, Zwischenüberschriften gibt es heute häufiger als noch vor zwei Jahrzehnten und vereinzelt sogar in kurzen Texten, der Teaser hat den Vorspann beeinflusst.

Insofern existiert kein eigener Onlinestil, der völlig andere Merkmale aufweist als der Stil von Printtexten. Vielmehr besteht die Möglichkeit, Texte – und folglich auch Pressemitteilungen – so zu verfassen, dass sie sowohl print als auch online ansprechend zu lesen sind, wenn man die obigen Ausführungen sowie die Tipps zu Sprache und Stil (s. Kap. 7) berücksichtigt.

9.3 Folgen des Internets für PR-Autoren

Keine Frage: Keine PR-Abteilung und keine Agentur kann heute das Internet ignorieren. Vielmehr muss jedes Unternehmen dieses Medium in seine Kommunikationsstrategie einbinden. Welche Herausforderungen sich daraus für die Arbeit von PR-Autoren ergeben, werden in diesem Kapitel aufgezeigt.

Zunächst muss jede Website einen Pressebereich aufweisen, damit Journalisten gezielt nach medienrelevanten Informationen suchen können. Die Pressemitteilungen sind in diesen Bereich zu integrieren. Zumeist verlinken Teaser, kurze Anreißertexte mit einem hohen Leseanreiz, oder eine Linkliste mit den Überschriften der Pressemitteilungen zu den eigentlichen Texten. Stets müssen die Teaser oder Links nach absteigender Aktualität angeordnet sein. Hinsichtlich Layout und Sprachstil müssen Pressemitteilungen und die restliche Website zusammenpassen, da das Unternehmen ansonsten ein inhomogenes Image transportiert und damit seine Glaubwürdigkeit schwächt.

Geringe Kosten verführen
Ist die eigene Website erst einmal gebaut und online, dann verursachen elektronische Pressemitteilungen kaum Kosten für Versand, Druck oder Papier. Das gilt sowohl für Download-Angebote als auch für den Versand per E-Mail. Vermutlich deswegen werden heute viel zu viele Pressemitteilungen versandt. Bitte sitzen Sie nicht dem Irrglauben auf, dass Sie an möglichst viele Redaktionen Texte versenden sollten, nur weil Sie dies nichts kostet. Es schadet Ihrer Reputation. Wer Pressemitteilungen ohne relevanten Inhalt und an die falschen Medien verschickt, der gilt unter Journalisten entweder als unprofessionell oder unseriös. Die Folge ist, dass seine Pressemitteilungen schon bald nicht mehr gelesen werden, auch wenn sie mal über ein wichtiges, zielgruppenadäquates Thema informieren. Zudem sind viele Pressemitteilungen in den vergangenen Jahren immer länger geworden, was dem Leseverhalten der Journalisten und Leser zuwiderläuft – und völlig ungeeignet für Internettexte ist.

Das Internet erfordert zudem, dass PR-Autoren die Möglichkeiten des Internets berücksichtigen und auch nutzen. Jedem Text muss eine Druckversion beigestellt werden, die einfach zu handhaben ist. Interessant ist die Möglichkeit, wie sie etwa der Elektronikkonzern Bosch in seinem Pressebereich der Website anbietet: Journalisten können sich mehrere

Die Pressemitteilung im Internet

Texte oder Fotos in einen virtuellen Korb legen, um sie anschließend gemeinsam auszudrucken.

Bedürfnisse der Medien berücksichtigen
Journalisten müssen jede online gestellte Pressemitteilung bearbeiten können. Hierfür ist es erforderlich, dass sie den Text in das eigene Redaktionssystem übernehmen. PR-Autoren können dies auf mehreren Wegen ermöglichen: Entweder sie bieten ein PDF-Dokument an, dessen Eigenschaften so eingestellt sind, dass sich der Text kopieren lässt. Sie können aber auch ein Word-Dokument oder einen Text im HTML-Format online stellen.

Ein Service für Journalisten ist zudem, wenn Sie jeder Pressemitteilung eine Linkliste beistellen, die auf Fotos, zusätzliche Texte zum Thema oder zu ähnlichen Themen verlinkt. Sehr nützlich sind auch multimediale Angebote wie Podcasts, dank derer der Journalist zum Beispiel die Rede des Vorstandsvorsitzenden auf der Bilanzpressekonferenz verfolgen kann und aus denen Radioredakteure Zitate für einen Beitrag entnehmen können. Dies erfordert natürlich, dass PR-Experten sich heute zum Thema Multimedialität weiterbilden und auch das crossmediale Denken beherrschen, also in der Lage sind, alle vorhandenen Medien und Kommunikationskanäle zu nutzen. Doch dies zu beschreiben, würde den Rahmen dieses Buches sprengen.

10 Der Versand

Ist die Pressemitteilung geschrieben, so muss sie versendet werden. Auch hierbei gilt es Verschiedenes zu beachten: Zum einen die richtige Versandart für das eigene Unternehmen und das jeweilige Zielmedium, zum anderen der gut gestaltete Presseverteiler, damit Sie die relevanten Medien und Zielpersonen erreichen.

10.1 Verschiedene Versandarten

Es gibt verschiedene Wege, eine Pressemitteilung zu versenden oder der Öffentlichkeit zugänglich zu machen: per E-Mail, als Download auf der Website, als Brief oder Fax. Die verschiedenen Versandarten werden heute unterschiedlich stark genutzt.

E-Mail-Versand
Der Versand per E-Mail ist ohne Frage die häufigste Art, Pressemitteilungen zu verschicken. Oft wird dem kurzen E-Mail-Anschreiben der PR-Text als Anhang beigefügt. Dies bietet sich an, wenn Sie Wert auf eine attraktive Optik legen. Bitte stellen Sie Ihr PDF-Dokument so ein, dass der Text herauskopiert werden kann. Einige Unternehmen oder Agenturen versenden Pressemitteilungen auch im Word-Format oder bieten beide Versionen an. Eine andere Möglichkeit, die sich vor allem für kurze Texte ohne Bilder anbietet: Die Pressemitteilung wird direkt als E-Mail verschickt, zumeist im HTML-Format. Dann spart der Journalist einen Klick, da er nur die E-Mail öffnen muss und schnell sieht, worum es geht. Jedoch wird der Text zusätzlich zumeist auch als Dateianhang geschickt.

Unternehmen mit einer eigenen Schrift müssen beim elektronischen Versand sicherstellen, dass das E-Mail-Programm des Empfängers automatisch eine andere Schrift anzeigt, falls der unternehmenseigene Schriftfont nicht dargestellt werden kann. Das noch selten genutzte Web Open Font Format ermöglicht zudem, die eigene Schrift zusammen mit einer E-Mail zu versenden.

Der Versand per E-Mail ist kostengünstig, schnell und unabhängig von Öffnungszeiten oder Arbeitszeiten, zum Beispiel der Postangestellten. Diese Vorteile haben sich zum Teil zum Nachteil entwickelt: Viele Redaktionen klagen über die tägliche Flut von E-Mail-Pressemitteilungen, die zudem oft länger sind als früher. So läuft jede Pressemitteilung Gefahr, ignoriert zu werden.

Umso wichtiger ist eine ausdrucksstarke, inhaltlich eindeutige Betreffzeile mit Leseanreiz für den Journalisten. Sie sollte zudem nicht mehr als 70 Anschläge zählen, da nicht alle Browser längere Betreffzeilen abbilden können. Zudem soll der Empfänger auf einen Blick den Inhalt der Betreffzeile erfassen können. Ungeeignet sind allgemeine Formulierungen wie *Information, Pressemitteilung Nr. 188* oder *aktuelle Nachricht*. Sie bieten dem Journalisten weder einen Leseanreiz noch einen Anhaltspunkt, welches Thema ihn erwartet. Viel konkreter und darum besser sind hingegen die folgenden Betreffzeilen: *Seminartipps 2010* oder *14. Sommeruniversität in Heidelberg beginnt* oder *Einladung zur Pressekonferenz am 15.12.2010*.

Downloads auf der Website

Inzwischen stellen fast alle Unternehmen ihre Pressemitteilungen auch auf die eigene Website unter Rubriken wie *Neues, Aktuelles* oder *Presse*. Dort können Journalisten sie jederzeit lesen und bequem herunterladen. Auch Fotos werden zum Download angeboten. Dieses Pull-Angebot – Interessierte können sich Informationen selbst herunterladen – ergänzen manche Unternehmen mit einer Push-Variante: Sie senden abonnierten Interessenten einen Newsletter mit aktuellen Informationen und Bildmaterial zu, jeweils mit Links zur Website des Unternehmens. Bitte versäumen Sie nie, sich die Erlaubnis zum Zusenden von Newslettern einzuholen, da Sie ansonsten gesetzwidrige Spammails versenden. Entweder fragen Sie persönlich nach oder implementieren auf Ihrer Website einen Bestellbutton, damit interessierte Nutzer den Newsletter abonnieren können.

Postalischer Versand

Nach wie vor werden Pressemitteilungen auch ganz klassisch mit der Post verschickt, dann zumeist als Ausdruck mit beigelegtem Datenträger, heute in der Regel eine CD oder ein USB-Stick. Ein Download-Link zur Website findet sich zumeist im Fuß der Pressemitteilung. Die Pressemit-

Der Versand

teilung per Post ist geeignet für Redaktionen, die nach wie vor viel mit Ausdrucken arbeiten, zum Beispiel beim Archivieren oder Redigieren der Texte, oder die ein nicht so übersichtliches E-Mail-Programm haben. Völlig ungeeignet ist der Postversand, wenn Sie Pressemitteilungen an Onlinemedien versenden, da diese fast ausschließlich papierlos mit Computer und Internet arbeiten.

Wer Pressemitteilungen auch auf Papier verschickt, der sollte das Standardgeschäftspapier verwenden. Nicht zu empfehlen sind Hochglanzpapiere, da sie an Werbung erinnern und dadurch die Glaubwürdigkeit der Texte verringern. Zumeist ergänzen Sie die Pressemitteilung mit einem Anschreiben. Es sollte entsprechend den DIN-Vorgaben (DIN 5008) oder entsprechend den Vorgaben des unternehmenseigenen Corporate Designs verfasst sein. Bitte fassen Sie sich kurz, denn Zeit haben Journalisten wenig.

Per Fax
Kaum noch eingesetzt wird das Fax zum Übermitteln von Pressemitteilungen. Er gilt weithin als altmodisch. Vereinzelt nutzen es Unternehmen aber wieder, wenn sie befürchten, dass ihre Pressemitteilung in der großen Menge der E-Mails unterzugehen droht. Dann ist ein Download-Link aber unabdingbar.

Versand auf Wunsch
Aufgrund der verschiedenen Versandmöglichkeiten, sollten PR-Abteilungen und Agenturen prüfen, ob Redaktionen den Versand per E-Mail oder per Post bevorzugen. Dies ist selbstverständlich nicht bei allen Redaktionen möglich. Jedoch sollten Sie bei den für Ihr Unternehmen zentralen Verlagen mündlich oder schriftlich per E-Mail nach Wünschen fragen – und sich beim Versenden der Pressemitteilung nach diesen richten. Gleiches gilt übrigens für das Versenden von Fotos hinsichtlich des Formats und der Auflösung.

Weniger ist mehr. Diese Redensart gilt auch für den Versand von Pressemitteilungen. Redaktionen beklagen immer wieder, dass sie ein und dieselbe Pressemitteilung gleich mehrmals erhalten – als E-Mail, Fax und Brief. Dies führt in Redaktionen leicht zu unnötiger Mehrarbeit. Bitte telefonieren Sie auch nicht Ihren Pressemitteilungen hinterher, wie es im Berufsjargon heißt. Journalisten reagieren zumeist verärgert über Fragen wie: *„Ich wollte nur nachfragen, ob Sie unsere Pressemitteilung erhalten haben."*

10.2 Der Presseverteiler

Für eine erfolgreiche Pressearbeit ist ein guter, regelmäßig aktualisierter Presseverteiler unabdingbar. Er enthält alle für Ihr Unternehmen relevanten Medien samt Erscheinungsturnus, Auflage und Kontaktdaten der zuständigen Redakteure.

Voraussetzung für einen Presseverteiler: Sie müssen zunächst die vorhandenen Medien sichten, bevor Sie die relevanten Ansprechpartner in den Verlagen und Redaktionen herausfiltern. Haben Sie hierbei stets die Zielgruppe vor Augen: Wen interessiert meine Mitteilung und in welchen Medien sucht er diese? Leser einer Finanzzeitung erwarten andere Themen und Themenschwerpunkte als Leser einer lokalen Tageszeitung. Darum sollten Sie einen vollständigen Presseverteiler erstellen, der breit angelegt ist, aber zusätzlich einen oder mehrere Fachverteiler bezüglich verschiedener Zielgruppen und Themen.

Ein Unternehmen, das Pumpen entwickelt und vertreibt, wendet sich zunächst und vor allem an den Handel und damit an die einschlägige Branchenpresse der Business-to-Business-Kommunikation. Können einige der Pumpen auch von privaten Endverbrauchern zum Beispiel in Gartenteichen eingesetzt werden, dann kommen zudem Redaktionen der Tagespresse, Anzeigenblätter oder Special-Interest-Magazine wie Gartenzeitschriften in Frage.

Die Zielgruppe gut zu erfassen – das ist recht schwierig, gleichwohl sehr wichtig. Ist sie zu unspezifisch und damit zu weit gefasst, dann senden Sie womöglich Pressemitteilungen an Medien, die diese gar nicht veröffentlichen können. Dies birgt die Gefahr, dass der Redakteur irgendwann alle Pressemitteilungen Ihres Unternehmens ignoriert – selbst wenn das Thema für sein Medium interessant wäre. Legen Sie Ihren Presseverteiler hingegen zu schmal an, dann erhalten einige Medien die Informationen nicht, obwohl sie diese veröffentlichen könnten.

Haben Sie eine gute Übersicht über die für Ihr Unternehmen relevanten Medien, dann sollten Sie den jeweiligen Ansprechpartner recherchieren. Vor allem in großen Redaktionen ist dies wichtig, damit Ihr Text auch wirklich veröffentlicht oder berücksichtigt wird.

Abhängig von der Firmengröße und der Branche, in der Ihr Unternehmen tätig ist, können schnell einige hundert Medien für Sie relevant sein. Ein so umfangreicher Presseverteiler ist selbst kaum zu erstellen, trotz der Recherchemöglichkeiten des Internets. Denn nicht alle Medien sind dort erfasst. Dies gilt vor allem für Zeitschriften mit einer geringen Auflage, neu aufgelegte Produkte, regional begrenzte Medien oder sehr spezialisierte Produkte. Besonders schwierig ist es, den richtigen Ansprechpartner in der jeweiligen Redaktion zu erfahren. Nicht alle Medien teilen dies mit.

Die Erstellung eines großen, stets aktuellen und möglichst vollständigen Presseverteilers sowie von themenbezogenen Fachverteilern ist zeitaufwändig. Professionelle Anbieter von Redaktionsadressen können Ihnen hierbei helfen; zum Beispiel die Verlage Kroll und Stamm oder auch Online-Anbieter wie Zimpel-Online, die aber nicht billig sind. Manche Unternehmen lassen ihre Presseverteiler auch von PR-Agenturen erstellen und pflegen.

Presseverteiler müssen regelmäßig gepflegt werden, am besten nach einigen Monaten, damit die Daten nicht veralten, wenn Journalisten ihren Arbeitsplatz wechseln. Wenn Sie einen kleinen Presseverteiler haben, empfiehlt sich eine telefonische Abfrage der Daten. Umfangreiche Presseverteiler können Sie nur mit viel Zeitaufwand aktuell halten. Je nach Größe empfiehlt sich der regelmäßige Neuerwerb eines Verteilers, zum Beispiel einmal jährlich. Wird Ihr Unternehmen von einer PR-Agentur betreut, können Sie von einer Aktualisierung der Daten ausgehen.

10.3 Das Zielmedium und die Chance zum Abdruck

Je nach Inhalt und Art der Pressemitteilung sind verschiedene Zielmedien anzuschreiben: Für regional begrenzte Veranstaltungen, wie einen Tag der offenen Tür oder eine öffentliche Hausmesse, sind lokale und regionale Medien die richtigen Ansprechpartner. Wer an nationalen oder internationalen Messen teilnimmt, sollte vor allem die einschlägigen Branchenpublikationen informieren; entweder Printmedien oder Online-Fachzeitschriften und -Portale. Für Erfolgsmeldungen, zum Beispiel über erhaltene Auszeichnungen oder eine gut verlaufene Akquise von Neukunden oder Investoren, eignen sich regionale Zeitungen oder Verbandszeitschriften wie das IHK-Journal, Branchenpublikationen, News-Ticker oder Wirtschaftsmedien. Anwenderberichte und Produktmeldungen werde gerne von Fachzeitschriften der jeweiligen Branche oder einschlägigen Portalen im Internet veröffentlicht. Pressemitteilungen über Quartalszahlen oder die Bilanz werden an Branchenpublikationen, Wirtschaftsmedien, die Wirtschaftsredaktion der Regionalzeitung oder bei Konzernen auch der überregionalen Zeitungen, an News-Ticker und Verbandszeitschriften gesandt. Personalmeldungen sollten Sie an Branchenpublikationen, Verbandszeitschriften wie das IHK-Journal und je nach Relevanz und Intensität der Kooperation auch an die Lokal- oder Regionalzeitung senden.

Wenn eine Lokalzeitung oder ein Anzeigenblatt ein Unternehmen als wichtige Wirtschaftsgröße der Region einstuft, dann werden die Journalisten gerne über relevante und öffentliche Ereignisse berichten, zum Beispiel den Tag der offenen Tür, Veränderungen der Mitarbeiterzahl, neue Produkte oder eine veränderte Konzernausrichtung. Wirtschaftsredakteure erachten hingegen eine Pressemitteilung nur als wichtig, wenn sie dem Unternehmen eine überregionale, am besten bundesweite oder gar internationale Bedeutung zusprechen. Sie berichten jedoch nicht über regionale Messen oder andere Veranstaltungen, auch über Produkte informieren sie selten. Ihr Interesse gilt primär wirtschaftspolitisch relevanten Entwicklungen, der strategischen Konzernausrichtung oder den Bilanzzahlen beziehungsweise finanziellen Entwicklungen des Unternehmens. Oft veröffentlichen sie kurze Pressemitteilungen nicht, sondern nutzen sie als Anregung, um selbst ein Thema zu recherchieren und eigenständig einen Artikel zu verfassen, zum Beispiel wohnen sie der Bilanzpressekonferenz bei oder führen ein Interview mit dem Inhaber eines mittelständischen Unternehmens zu aktuellen Branchentrends.

Die Liste von Themen und Redaktionen, die gut zusammenpassen, ließe sich sicherlich fortführen, doch reicht die exemplarische Darstellung wohl aus, um Ihnen einen Eindruck zu vermitteln, wie wichtig es ist, beides aufeinander abzustimmen.

11 Zum Schluss: Checklisten

Vieles gibt es zu beachten, wollen Sie professionelle Pressemitteilungen verfassen. Damit Sie dieses Buch auch in stressigen Situationen bei der täglichen Arbeit nutzen können, finden Sie auf den folgenden Seiten Checklisten zu den wichtigsten Aspekten.

Was Journalisten von einer Pressemitteilung erwarten

- ✓ Die Textlänge ist dem Thema angemessen.
- ✓ Der Text ist leicht zu bearbeiten, lässt sich von hinten kürzen oder ohne Änderungen veröffentlichen.
- ✓ Das Thema passt zum Medium und zur Zielgruppe.
- ✓ Journalistische Vorgaben wurden eingehalten und die Pressemitteilung hat einen Berichtsanlass.
- ✓ Der Text ist hinsichtlich Sprache, Stil und Aufbau professionell.
- ✓ Die Nachrichtenfaktoren und W-Fragen wurden berücksichtigt.
- ✓ Der Text ist verständlich.
- ✓ Der Inhalt ist korrekt, plausibel und glaubwürdig.

Layoutvorgaben für Ihre Pressemitteilung

- ✓ Corporate-Design-Vorgaben des eigenen Unternehmens umsetzen.
- ✓ Einseitig und einspaltig bedrucktes Papier oder entsprechend layoutete Datei verwenden.
- ✓ Zeilenlänge von 40 oder 60 Anschlägen (Zeichen) und gut lesbare Schrift wählen, zum Beispiel Arial oder Verdana.
- ✓ Firmenlogo im Kopf der Seite und die Adresse kurz darunter.
- ✓ Ansprechpartner für den Journalisten entweder dort oder unterhalb des Textes platzieren, auf jeden Fall gut sichtbar.
- ✓ Hinweis auf die Textsorte und die Sperrfrist (falls es eine solche gibt) sowie das Datum stehen auch oberhalb des Textes.
- ✓ Überschrift und Leadsatz oder Vorspann optisch hervorheben.

- ✓ Informationen für den Journalisten (zum Beispiel Längenangabe, Boilerplate oder Hinweis auf Fotos) optisch vom Text trennen mit Leerzeilen und kursiven oder kleinen Lettern.

Die Nachricht als kurze Pressemitteilung

- ✓ Sehr häufige Textsorte, da sie sich für alle Themen, Branchen und für fast alle Medien eignet.
- ✓ Etwa 10 bis 30 Zeilen à 40 Anschläge (400 bis 1200 Zeichen) lang.
- ✓ Der Stil ist sachlich und entspricht den journalistischen Regeln des nachrichtlichen Schreibens.
- ✓ Sie erfüllt eine Informationsfunktion. Sie bietet viele Fakten und berücksichtigt die Nachrichtenfaktoren und W-Fragen.
- ✓ Ergebnisorientierte, nicht chronologische Reihenfolge der Aspekte entsprechend dem Prinzip der abnehmenden Wichtigkeit, sodass der Text von hinten gekürzt werden kann.
- ✓ Überschrift und Leadsatz nennen die zentrale Aussage des Textes, jedoch ist der Leadsatz ausführlicher als die Überschrift.

Die weiche Nachricht als Pressemitteilung

- ✓ Eignet sich nur selten und für bestimmte PR-Bereiche (zum Beispiel Kultur-PR) oder bunte Themen.
- ✓ Etwa 10 bis 30 Zeilen à 40 Anschläge (400 bis 1200 Zeichen) lang.
- ✓ Sie will nicht nur informieren, sondern auch unterhalten. Sie bietet Fakten und bunte Elemente (Zitate, originelle Episoden).
- ✓ Keine strengen Regeln für den Textaufbau, darum kann sie nicht immer von hinten gekürzt werden.
- ✓ Sprachstil ist nicht immer sachlich, sondern locker.

Die PR-Meldung

- ✓ Kurzer Text mit maximal 5 Zeilen à 40 Anschläge (200 Zeichen), der oft der Leadsatz einer Nachricht war oder sein kann.
- ✓ Sie bietet den Nachrichtenkern und die wichtigsten Nachrichtenfaktoren, beantwortet die relevanten W-Fragen, doch der Sachverhalt wird weder entwickelt noch interpretiert.
- ✓ Der Sprachstil ist sachlich und nachrichtlich.

- ✓ Sie bietet sich für Terminankündigungen oder zeitnahe Informationen wichtiger Ereignisse an.

Die Personalmeldung

- ✓ Sonderform der Meldung (maximal 200 Zeichen), die auch die Länge einer Nachricht haben kann (400 bis 1200 Zeichen).
- ✓ Sie informiert über personelle Wechsel, zumeist in führenden Positionen.
- ✓ Die Sprache ist sachlich und neutral.
- ✓ Sie bietet berufsbezogene Informationen über den neuen Stelleninhaber, seine Position im Unternehmen und erwähnt den bisherigen Stelleninhaber zumeist kurz.

Der Bericht als lange Pressemitteilung

- ✓ Sehr häufige Textsorte, da sie sich für alle Themen, Branchen und für fast alle Medien eignet.
- ✓ Textlänge etwas 50 bis 70 Zeilen à 40 Anschläge (circa 2000 bis 2800 Zeichen).
- ✓ Erfüllt eine Informationsfunktion und bietet viele Fakten.
- ✓ Der Text ist – bezogen auf die Absätze – nach dem Prinzip der abnehmenden Wichtigkeit aufgebaut, bietet eine ergebnisorientierte, nicht chronologische Anordnung der Aspekte, bisweilen eine Interpretation des Themas und ist von hinten kürzbar.
- ✓ Die Nachrichtenfaktoren und W-Fragen sind berücksichtigt, die wichtigsten in der Überschrift und im Vorspann.
- ✓ Die Überschrift ist zumeist informativ.
- ✓ Der Vorspann bietet die zentralen Aussagen des Textes (Nachrichtenkern) und mehr Details als die Überschrift.
- ✓ Die Sprache ist sachlich und bemüht sich um Neutralität.

Der bunte Bericht als Pressemitteilung

- ✓ Ähnlich wie die bunte Nachricht mischt diese Textsorte Informationen mit unterhaltenden Elementen.
- ✓ Es besteht kein Zwang zur Aktualität.

- ✓ Der Text folgt keinen strengen Aufbauregeln und ist nicht immer von hinten zu kürzen, da oft Zitate oder originelle Aspekte als Textausstieg dienen.
- ✓ Die Überschrift besteht meistens aus einer informierenden und einer unterhaltenden Zeile und nennt die zentrale Textaussage.
- ✓ Der Sprachstil kann locker sein, sachliche und bunte Formulierungen werden gemischt.
- ✓ Für Pressemitteilungen nicht immer geeignet.

Das Feature als Pressemitteilung

- ✓ Für Pressemitteilungen nicht immer geeignet, aber für Produkt-PR oder für Fachzeitschriftentexte einsetzbar.
- ✓ Es benötigt nicht unbedingt einen aktuellen Anlass.
- ✓ Es mischt Informationen und Unterhaltung, warum der Stil mal sachlich, mal bunt sein kann.
- ✓ Fakten werden anhand eines Fallbeispiels mit einem exemplarischen Vertreter einer sozialen Rolle anschaulich dargeboten. Personen dienen als dramaturgisches Mittel.
- ✓ Die Überschrift besteht oft aus einer informierenden und einer unterhaltenden Zeile und nennt die zentrale Textaussage.

Die Überschrift und der Vorspann

- ✓ Sie ergänzen sich gegenseitig und sind maßgeblich entscheidend, ob Journalisten einen Text lesen. Darum sollen sie einen Leseanreiz bieten. In Pressemitteilungen eignen sich hierfür Informationen, welche die Zielgruppe interessieren.
- ✓ Beide Textelemente sind optisch hervorzuheben mit fetten oder großen Lettern.
- ✓ Am besten formulieren Sie mehrzeilige Überschriften und Vorspänne von maximal 15 Zeilen à 40 Anschläge (maximal 600 Zeichen).
- ✓ Der zentrale Nachrichtenfaktor ist in der Überschrift und/oder im Vorspann zu nennen.
- ✓ Überschriften sind im Telegrammstil verfasst und keine vollständigen Sätze.
- ✓ Entscheiden Sie sich für eine Vorspannvariante passend zu Text, Thema und Zielgruppe.

- ✓ Zitate, Teilzitate oder Redewiedergabe sind für Überschrift und Vorspann sehr geeignet.
- ✓ Bitte verwenden Sie keine unverständlichen Fachbegriffe in der Überschrift und nur sehr bedingt im Vorspann.

Tipps für Sprache und Stil

- ✓ Vermeiden oder streichen Sie Füllwörter und blasse Wörter, Modewörter und Anglizismen sowie Abkürzungen.
- ✓ Schreiben Sie verständlich. Fremdwörter sowie Fachtermini können Sie in Texten für Experten verwenden, in Texten für Laien müssen Sie diese vermeiden, erklären oder übersetzen.
- ✓ Vermeiden Sie Wiederholungen. In schwer verständlichen Texten können Sie aber zentrale Begriffe aus Gründen der Verständlichkeit mehrfach verwenden.
- ✓ Zeiten bitte korrekt und inhaltlich eindeutig verwenden.
- ✓ Formulieren Sie Sätze mit vielen Verben und vermeiden Sie Substantive auf -ung, -heit, -keit (substantivierte Verben).
- ✓ Mehr Aktiv als Passiv macht die Texte lebendig.
- ✓ Verfassen Sie keine lange Pressemitteilung ohne ein Zitat, das aber stets glaubhaft und authentisch sein muss.
- ✓ Arbeiten Sie auch mit der indirekten Rede und verwenden Sie den Konjunktiv korrekt.
- ✓ Schreiben Sie kurze, einfache und verständliche Sätze, deren zentrale Aussage am Satzanfang oder im Hauptsatz steht.

Anregungen für das Redigieren

- ✓ Planen Sie genügend Zeit für das Überarbeiten ein.
- ✓ Bitte die Vorgaben des Unternehmens beachten, zum Beispiel Begriffe des CI-Wording verwenden.
- ✓ Aber auch die Glaubwürdigkeit aller Aussagen prüfen.
- ✓ Anhand der W-Fragen, der Nachrichtenfaktoren und dem eigenen Wissen prüfen, ob die Zielgruppe berücksichtigt wurde.
- ✓ Verständlichkeit des Textes für die Zielgruppe kontrollieren.
- ✓ Die Textlänge den Vorgaben anpassen. Den Text kürzen (oft erforderlich) oder längen (selten erforderlich).
- ✓ Korrektheit und Plausibilität der Aussagen kontrollieren.

- ✓ Ferner überlegen, ob der Textaufbau und die Reihenfolge der Aspekte sinnvoll sind.
- ✓ Nie vergessen, die Sprache zu prüfen (Rechtschreibung und Zeichensetzung) und den Stil zu verbessern.
- ✓ Bilder ergänzen oder auf sie verlinken und sie hinsichtlich Motivauswahl, Bildtexte sowie Urheberrecht kontrollieren.

Was Sie beim Schreiben von Onlinetexten beachten sollten

- ✓ Jede Pressemitteilung muss gedruckt und online gut zu lesen sein.
- ✓ Verfassen Sie kurze Texte nach dem Prinzip der abnehmenden Wichtigkeit.
- ✓ Die Zeilenlänge sollte 60 Anschläge nicht übersteigen.
- ✓ Unterbrechen Sie den Leser beim Scannen der Seiten.
- ✓ Heben Sie Überschriften und Zwischenüberschriften mit großen oder fetten Buchstaben hervor.
- ✓ Arbeiten Sie mit fünf- bis siebenzeiligen Absätzen, die Sie mit Leerzeilen voneinander trennen.
- ✓ Formulieren Sie kurze Sätze mit einer einfachen Struktur entsprechend den Regeln des nachrichtlichen Schreibens.
- ✓ Verwenden Sie kurze Wörter oder platzieren Sie lange Wörter in kurzen Sätzen.
- ✓ Nutzen Sie Schlüsselwörter in Überschrift und Zwischenüberschrift, um die Aufmerksamkeit Ihrer Leser zu wecken.
- ✓ Arbeiten Sie mit Zwischenüberschriften, in denen Sie die wichtigsten Aussagen des jeweils folgenden Absatzes mitteilen.
- ✓ Die Zwischenüberschriften sollen zusammen mit der Überschrift und dem Vorspann die Hauptaspekte mitteilen.
- ✓ Ergänzen Sie Linkangebote und Downloadangebote.

Tipps für strategisches Schreiben

- ✓ Schreiben Sie kurze Pressemitteilungen, die dem Thema und den anvisierten Medien entsprechen.
- ✓ Wählen Sie die richtige Textsorte und verbinden Sie Ihr PR-Kommunikationsziel mit den journalistischen Regeln.
- ✓ Nutzen Sie das Matroschka-Prinzip, schreiben Sie modular und entsprechend dem Prinzip der abnehmenden Wichtigkeit.

- ✓ Verwenden Sie Formulierungen des Corporate Identity Wording – aber nur in angemessenem Maß.
- ✓ Schreiben Sie korrekt, plausibel und glaubwürdig.

Der Versand

- ✓ Wählen Sie die richtige Versandart für Ihr Zielmedium (am häufigsten ist der E-Mail-Versand).
- ✓ Bieten Sie Ihre Pressemitteilung immer auch als Download an.
- ✓ Bitte einen oder mehrere Presseverteiler erstellen und regelmäßig aktualisieren, sodass Sie Medien gezielt bedienen.
- ✓ Journalisten müssen eine Pressemitteilung bearbeiten, darum bei Postversand CD, USB-Stick oder Link zur Website ergänzen und bei E-Mail-Versand Dokumente ohne Schreibschutz verwenden.
- ✓ Linkangebote zur elektronischen Pressemitteilung, zu Fotos oder verwandten Themen bitte nicht vergessen.
- ✓ Bei E-Mail-Versand die Pressemitteilung mit einer kurzen, ansprechenden Betreffzeile versehen.

Literatur

Biere, Bernd Ulrich (1993): Zur Konstitution von Pressetexten. In: Biere, Bernd Ulrich; Henne, Helmut (Hrsg.): Sprache in den Medien nach 1945. (Germanistische Linguistik 135). Tübingen: Niemeyer. S. 56–86

Biere, Bernd Ulrich (1994): Strategien der Selbstdarstellung. In: Bungarten, Theo (Hrsg.): Selbstdarstellung und Öffentlichkeitsarbeit, Eigenbild und Fremdbild von Unternehmen. Tostedt: Attikon, S. 9–26

Bischl, Katrin (2000): Die Mitarbeiterzeitung. Kommunikative Strategien der positiven Selbstdarstellung von Unternehmen. Wiesbaden: Westdeutscher Verlag

Falkenberg, Viola (2008): Pressemitteilungen schreiben. Zielführend mit der Presse kommunizieren. Zu Form und Inhalt von Pressetexten. Frankfurt: F.A.Z.-Institut

Frank, Norbert (2008): Praxiswissen Presse- und Öffentlichkeitsarbeit. Ein Leitfaden für Verbände, Vereine und Institutionen. Wiesbaden: VS Verlag

Gemeinschaftswerk der Evgl. Publizistik (2004): Öffentlichkeitsarbeit für Nonprofit-Organisationen. Wiesbaden: Gabler Verlag

Göpfert, Winfried; Ruß-Mohl, Stephan (Hrsg.) (1996): Wissenschaftsjournalismus. Ein Handbuch für Ausbildung und Praxis. München: Paul List Verlag

Grice, Paul (1991): Studies in the Way of Words. Cambridge: Harvard University Press

Grice, Paul (1975): Logic and Conversation. In: Cole, Pete; Morgan, Jerry L. (Hrsg): Speechacts. S. 41–58. New York: Academic Press

Häusermann, Jürg (2005): Journalistisches Texten: Sprachliche Grundlagen für professionelles Informieren (Praktischer Journalismus). Konstanz: uvk Medien

Knödler, Thorsten (2005): Public Relations und Wirtschaftsjournalismus. Erfolgs- und Risikofaktoren für einen win-win. Wiesbaden: VS Verlag

Kurz, Josef; Müller, Daniel; Pötschke, Joachim; Pöttker, Horst; Gehr, Martin (2008): Stilistik für Journalisten. Wiesbaden: VS Verlag

Lüger, Heinz-Helmut (1995): Pressesprache. Tübingen: Niemeyer

Moss, Christoph (2009) (Hrsg.): Die Sprache der Wirtschaft. Wiesbaden: VS Verlag

Nolting, Tobias; Thießen, Ansgar (Hrsg.) (2008): Krisenmanagement in der Mediengesellschaft. Potenziale und Perspektiven der Krisenkommunikation. Wiesbaden: VS Verlag

Raupp, Juliana; Klewes, Joachim (Hrsg.) (2004): Quo vadis Public Relations? Wiesbaden: VS-Verlag

Schulz-Bruhdoel, Norbert; Fürstenau, Katja (2010): Die PR- und Pressefibel. Zielgerichtete Medienarbeit. Das Praxislehrbuch für Ein- und Aufsteiger. Frankfurt: FAZ-Verlag

Weischenberg, Siegfried (2001): Nachrichten-Journalismus. Anleitungen und Qualitäts-Standards für die Medienpraxis. Wiesbaden: VS Verlag

Zehrt, Wolfgang (2007): Die Pressemitteilung. Konstanz: UVK Verlagsgesellschaft

Index

A
Abkürzungen 99
Anglizismen 97

B
Bericht 57, 139
Berichtsanlass 21
Bildunterschriften 46
Boilerplate 40, 42
bunter Bericht 62, 139

C
Climax-First-Form 41, 49
Corporate Design 40, 41, 113, 137
Corporate Identity Wording 113

D
Download 132

E
Ein-Quellen-Texte 52
E-Mail 131

F
Fachtermini 98
Feature 63, 140
Fotos 43, 118
Fremdwörter 98
Füllwörter 95

G
Glaubwürdigkeit 16, 18, 22, 97, 116, 137
Glosse 67

I
Internet 123, 142
Interview 67

J
Journalisten 13, 19, 20, 32, 40, 137
journalistische Regeln 14

K
Kommentar 67
Kommunikationsziele 15
Konjunktiv 106

L
Layout 69, 113, 137
Leadsatz 50, 73, 137

M
Matroschka-Prinzip 60, 61, 142
Medien 22, 26, 34, 134, 135
Meldung 54, 138
Modewörter 96, 97
modular 61

N
Nachricht 49, 124, 138
Nachrichtenfaktoren 23, 24, 50, 137
Nachrichtenkern 50

O
Onlinetexte 123

P
Passiv 103

Personalmeldung 55, 139
Plausibilität 23, 116
Porträt 66
Presseverteiler 134
Prinzip der abnehmenden
　Wichtigkeit 41, 49, 50, 57

R
Redigieren 20, 113, 141
Redundanzen 73, 100
Reportage 66

S
Satzbau 107, 109, 111, 125
Satzklammer 109
Schlüsselwörter 73, 126
Selbstbild 43
Selbstlob 16, 18
Sperrfrist 39
Stil 95, 117, 137, 141
strategische Kommunikation 14, 142
Substantivstil 102
Superlative 17

T
Telegrammstil 75
Textaufbau 37, 53, 57, 116
Textlänge 52, 114, 137
Textplanung 32
Textsorte 39, 49

U
Überschrift 41, 69, 137, 140

V
Verben 102
Versand 128, 131, 143

Verständlichkeit 98, 107, 114, 117, 137
Vorspann 41, 73, 81, 137

W
weiche Nachricht 53, 138
W-Fragen 23, 31, 57, 137
Wiederholung 73, 99

Z
Zeiten 76, 100
Zielgruppe 98, 114, 117, 134, 137
Zitat 105
Zwischenüberschrift 78, 79, 126